OS SEGREDOS DO LOBO

JORDAN BELFORT

OS SEGREDOS DO LOBO

Tradução
Alexandre Martins

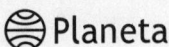

Copyright © Jordan Belfort, 2017
Copyright © Editora Planeta do Brasil, 2018
Título original: *Way of the Wolf*
Todos os direitos reservados.

Preparação: Ana Teresa Clemente
Revisão: Olívia Tavares e Elisa Martins
Diagramação: Maurélio Barbosa | designioseditoriais.com.br
Capa: Compañía
Imagem de apa: © Jeff Brown

DADOS INTERNACIONAIS DE CATALOGAÇÃO NA PUBLICAÇÃO (CIP)
ANGÉLICA ILACQUA CRB-8/7057

Belford, Jordan
    Os segredos do lobo: O método infalível de vendas do lobo de Wall Street / Jordan Belford; tradução de Alexandre Martins. - São Paulo: Planeta do Brasil, 2018.

    ISBN: 978-85-422-1242-6
    Título original: Way of the Wolf

    1. Vendas 2. Vendas - Aspectos psicológicos 3. Persuasão (Psicologia) 4. Sucesso nos negócios 5. Negociação I. Título II. Martins, Alexandre.

18-0059   CDD 658.85

 Ao escolher este livro, você está apoiando o manejo responsável das florestas do mundo

2025
Todos os direitos desta edição reservados à
EDITORA PLANETA DO BRASIL LTDA.
Rua Bela Cintra, 986 – 4º andar
01415-002 – Consolação – São Paulo-SP
www.planetadelivros.com.br
faleconosco@editoraplaneta.com.br

Sumário

PRÓLOGO: O NASCIMENTO DE UM SISTEMA DE VENDAS 7

1 COMO DECIFRAR O CÓDIGO DE VENDAS E INFLUENCIAR 15
2 INVENTANDO A LINHA RETA 39
3 OS PRIMEIROS QUATRO SEGUNDOS 69
4 TOM E LINGUAGEM CORPORAL........................79
5 ADMINISTRAÇÃO DE ESTADO 95
6 UMA FÓRMULA GARANTIDA PARA ADMINISTRAR SEU ESTADO...109
7 TOM AVANÇADO 125
8 LINGUAGEM CORPORAL AVANÇADA 145
9 A ARTE DA PROSPECÇÃO............................161
10 AS DEZ REGRAS DA PROSPECÇÃO LINHA RETA 173
11 A ARTE E A CIÊNCIA DE FAZER APRESENTAÇÕES DE VENDA DE ALTO NÍVEL 195
12 A ARTE E A CIÊNCIA DA REITERAÇÃO 233

CONSIDERAÇÕES FINAIS....................................277
APÊNDICE 281
DEDICATÓRIA..283
AGRADECIMENTOS......................................285

PRÓLOGO

O nascimento de um sistema de vendas

O que dizem sobre mim é verdade.

Eu sou um daqueles vendedores natos que conseguem vender gelo a um esquimó, petróleo a um árabe, porco a um rabino ou qualquer coisa em que você consiga pensar.

Mas quem liga para isso, não é mesmo?

A não ser que você queira me contratar para vender um de seus produtos, minha habilidade para fechar negócios é basicamente irrelevante.

Seja como for, esse é o meu dom: a capacidade de vender qualquer coisa para qualquer um, em enormes quantidades. Se esse dom vem de Deus ou da natureza não sei dizer, embora o que eu *saiba* – com absoluta certeza – é que não sou a única pessoa que nasceu com ele.

Há um punhado de outros que são *meio* como eu.

O motivo pelo qual eles são apenas *meio* como eu tem a ver com outro dom precioso que tenho, infinitamente mais raro e infinitamente mais valioso, e que oferece uma enorme vantagem a todos. *Incluindo você.*

Qual é esse dom impressionante?

É a capacidade de pegar pessoas de todas as origens, independentemente de idade, raça, credo, histórico socioeconômico, nível de estudos e grau de capacidade natural de vendas, e transformá-las em profissionais de excelência quase instantaneamente.

Sei que é uma declaração ousada, mas deixe-me colocar as coisas do seguinte modo: se eu fosse um super-herói, formar vendedores seria meu superpoder, e não há uma alma no planeta que faça isso melhor que eu.

Essa afirmação soou totalmente medonha, certo?

Só posso imaginar o que você está pensando neste instante: "Que cretino metido é esse cara! Tão vaidoso! Tão cheio de si! Vamos jogar o desgraçado aos lobos! Ah, espere! Ele já *é* um lobo, não é mesmo?"

Na verdade, eu sou um antigo lobo. Mas, de qualquer modo, acho que é hora de me apresentar formalmente:

Eu sou o Lobo de Wall Street. *Lembra-se de mim?* Aquele que Leonardo DiCaprio interpretou no cinema, aquele que pegou milhares de garotos que mal conseguiam andar e mascar chiclete ao mesmo tempo e os transformou em vendedores de primeira categoria usando um sistema de treinamento de vendas aparentemente mágico chamado Linha Reta. Aquele que torturou todos aqueles neozelandeses apavorados no fim do filme porque não conseguiam me vender uma caneta do jeito certo. Você se lembra?

Na esteira da Segunda-feira Negra, eu assumi o controle de uma pequena corretora irrelevante chamada Stratton Oakmont e a transferi para Long Island para correr atrás da minha fortuna. Foi lá, na primavera de 1988, que decifrei o código da influência humana e desenvolvi um sistema aparentemente mágico de treinar vendedores.

O nome era Sistema Linha Reta – ou Linha Reta, para encurtar –, que se revelou tão poderoso e eficaz, e tão fácil de aprender, que poucos dias após eu inventá-lo impulsionou grande riqueza e sucesso a todos que ensinei. Consequentemente, milhares de jovens, homens e mulheres, começaram a ir ao salão da Stratton para subir a bordo do trem do Linha Reta e reivindicar sua parcela do sonho americano.

Em sua maioria, eles formavam uma turma *mediana* – basicamente os tristes, esquecidos, filhos de famílias trabalhadoras dos Estados Unidos. Garotos que nunca tinham ouvido dos pais que eram capazes de coisas geniais; qualquer excepcionalidade que tivessem, havia sido literalmente arrancada deles no dia em que nasceram. Quando chegaram ao meu salão, estavam simplesmente tentando sobreviver, não prosperar.

Em um mundo pós-Linha Reta, porém, nada tinha mais importância. Coisas como educação, intelecto e capacidade natural de vendas não passavam de banalidades que podiam ser facilmente superadas. Tudo o que você tinha de fazer era bater na minha porta, prometer ralar muito, e eu lhe ensinaria o Sistema Linha Reta e o tornaria rico.

Infelizmente, havia também um lado negro em todo esse sucesso precoce. O sistema se revelou quase eficiente *demais*. Criou novos milionários em um ritmo tão feroz que eles acabaram pulando muitas das lutas típicas da vida pelas quais a maioria dos jovens passa e que servem para construir o caráter. O resultado foi sucesso sem respeito, riqueza sem contenção e poder sem responsabilidade – e, *assim*, as coisas começaram a sair do controle.

E foi assim que, do mesmo modo que uma tempestade tropical aparentemente inofensiva usa as águas quentes do Atlântico para crescer, ganhar força e mudar até chegar a um ponto de massa crítica que destrói tudo em seu caminho, o Sistema Linha Reta seguiu uma trajetória similar – destruindo tudo em seu caminho, incluindo a mim.

No momento em que teve fim, eu havia perdido tudo: meu dinheiro, meu orgulho, minha dignidade, meu respeito próprio, meus filhos – durante algum tempo –, minha liberdade.

A pior parte de tudo foi que eu sabia que só podia culpar a mim mesmo. Eu pegara um dom divino e o usara mal, pegara uma descoberta impressionante e a corrompera.

O Sistema Linha Reta tinha a capacidade de mudar a vida das pessoas de modo dramático, criando um campo neutro para qualquer um que tivesse sido impedido de alcançar a grandeza por uma incapacidade de transmitir eficientemente pensamentos e ideias de modo que o conectasse com outras pessoas e as levasse a agir.

E o que eu tinha feito com isso?

Além de quebrar um bom número de recordes de consumo de drogas recreativas perigosas, usei minha descoberta do sistema de treinamento de vendas mais poderoso do mundo para realizar todas as fantasias adolescentes que já tivera e, ao mesmo tempo, estimulei milhares de outros a fazer o mesmo.

Então, sim, eu mereci o que recebi: fui totalmente destruído.

A história, é evidente, não acaba aqui; como poderia? Até porque como um sistema que havia criado tanta riqueza e tanto sucesso para todos que o haviam aprendido poderia simplesmente cair na obscuridade?

Não podia. E não caiu.

Começou com os milhares de ex-Strattonitas que, após deixar a empresa, passaram a espalhar o sistema – levando uma versão diluída para dezenas de diferentes setores. Não importava para onde eles fossem, ou quão diluída fosse a versão, aprender uma *fração* do Sistema Linha Reta era suficiente para transformar um vendedor em dificuldades em um verdadeiro produtor.

Então *eu* me envolvi.

Na esteira de dois livros de memórias que foram sucesso de vendas e um filme de Scorsese campeão de bilheteria, eu disseminei pelo mundo uma versão não diluída para todas as empresas e todos os setores. De serviços bancários e corretagem a telecomunicações e indústria automobilística, de imóveis a planejamento financeiro, de bombeiros e médicos a advogados e dentistas, de marketing on-line a marketing off-line – e basicamente tudo entre uns e outros. Por mais impressionantes que tivessem sido os resultados na *primeira* vez, *dessa* vez eles foram ainda melhores.

Antes de começar a ensinar novamente o sistema, eu passei dois anos inteiros revisando seu código linha a linha – eliminando cada nuance e o levando a um nível ainda maior de eficiência operacional e, ao mesmo tempo, garantindo que tudo fosse baseado no mais alto nível de ética e integridade.

Foram eliminadas todas as táticas de venda de alta pressão, padrões de linguagem questionáveis e até as menores referências de fechar uma venda a qualquer custo simplesmente para ganhar uma comissão. Tudo foi *expurgado* do sistema em favor de estratégias mais elegantes. Foi um processo doloroso, no qual nenhuma despesa foi poupada, e nada foi deixado de lado.

Especialistas de pura excelência foram chamados para revisar todos os aspectos do sistema – de psicólogos ocupacionais a profissionais de criação de conteúdo, de professores de ensino para adultos a programadores de neurolinguística. E o que brotou em seu lugar foi algo incrível; um sistema tão poderoso e eficaz, com um nível tão alto de ética e integridade, que eu soube que o Sistema Linha Reta evoluíra para o que sempre soube que poderia ser: uma força do bem para ganhar dinheiro.

O que lhe ofereço nas páginas seguintes é uma solução pronta para aplicar o Sistema Linha Reta a qualquer empresa ou setor.

Para aqueles que trabalham com vendas, ou que são donos do próprio negócio, este livro vai ser um divisor de águas. Vai mostrar como reduzir o ciclo de vendas, aumentar o índice de fechamentos, desenvolver um fluxo constante de recomendações de clientes e criar clientes para toda a vida. Ademais, oferecerá uma fórmula-padrão para construir e manter uma força de vendas de primeira categoria.

E, para quem *não* trabalha com vendas, este livro será igualmente valioso. Um dos erros mais caros que os "civis" cometem é pensar em vendas e persuasão apenas nos termos tradicionais, em que há um vendedor fechando um negócio. Então, ele pergunta a si mesmo: "Já que eu não trabalho com vendas, qual o sentido de aprender a vender?".

Nada poderia ser mais distante da verdade.

Mesmo que você não trabalhe com "vendas", precisa se tornar pelo menos *razoavelmente eficiente* em vendas e persuasão. Do contrário terá uma vida *gravemente* carente de poder.

Vender é *tudo* na vida.

Na verdade, ou você está vendendo ou está fracassando.

Você vende às pessoas que suas ideias fazem sentido, seus conceitos fazem sentido, seus produtos fazem sentido; você pode ser um pai vendendo aos filhos a importância de tomar banho ou de fazer os deveres de casa; pode ser um professor vendendo aos seus alunos o valor da educação; um advogado vendendo a um júri a inocência de seu cliente; um religioso vendendo à sua congregação a existência de Deus, Jesus, Maomé ou Buda; um político vendendo aos seus eleitores as vantagens de votar em um determinado referendo – em síntese, vender se aplica a *todas* as pessoas e a *todos* os aspectos da vida, profissional e pessoal. Afinal, em algum momento todos precisaremos nos vender a alguém: um possível sócio, um futuro empregador, um futuro empregado, um futuro namorado e assim por diante.

Depois, você tem todos os cenários profissionais que ficam de fora do que normalmente consideramos *venda* – um empreendedor tentando conseguir investimento ou garantir uma linha de crédito em um banco; vendendo aos seus empregados, ou a alguém que você esteja querendo contratar, o poder e a correção de sua visão de futuro; negociando um novo aluguel de um escritório; garantindo uma taxa de juros melhor na operadora de cartão da sua empresa ou buscando prazos de pagamento melhores com um fornecedor.

Mais uma vez, não interessa qual o seu trabalho, ou se é profissional ou pessoal. *Sempre* estamos tentando transmitir nossas opiniões, ideias, esperanças e sonhos de modo que não apenas leve as pessoas a agir, mas que nos dê aquilo que queremos da vida.

Persuasão ética diz respeito a isso, e sem essa habilidade fundamental é muito difícil obter sucesso em qualquer nível razoável ou ter uma vida com poder.

Com este livro, que fornece um modo simples e testado de dominar a arte da comunicação, você poderá avançar com muito mais poder pessoal e terá uma vida mais bem-sucedida.

Lembre-se sempre das palavras do tio do Homem-Aranha no primeiro filme da marca: "Com grandes poderes vêm grandes responsabilidades".

Este livro lhe dará esse poder.

Eu instigo você a usá-lo, por favor, com responsabilidade.

1

Como decifrar o código de vendas e influenciar

"Vocês não percebem? Toda venda é igual!"

A primeira vez que eu pronunciei essas palavras para um salão cheio de vendedores foi em um fim de tarde de 1988 e o que recebi de volta foram algumas expressões muito desconcertadas. Eram expressões que basicamente diziam: "De que inferno você está falando, Jordan? Todas as vendas *não* são iguais! Todas as vendas são *diferentes*. Todos os nossos compradores potenciais têm necessidades diferentes, crenças diferentes, valores diferentes, objeções diferentes e pontos de dor diferentes. Então, como toda venda pode ser igual?".

Retrospectivamente, eu consigo entendê-los.

De fato, consigo entendê-los *muito* bem – todos os milhões de pessoas que foram aos meus seminários de Linha Reta em todo o mundo e que inclinavam as cabeças lateralmente e apertavam os olhos, céticas, quando eu subia ao palco e dizia, com absoluta certeza, que *toda venda é igual*.

Afinal, essa *parece* uma noção bastante absurda, não?

Ainda que você deixe de lado os aspectos evidentes que eu relacionei anteriormente, de que modo toda venda pode ser igual? Pegue os inúmeros bens e serviços à venda no mercado global: todos eles são diferentes. Pegue as situações financeiras de seus compradores potenciais: elas também são diferentes. E pegue os conjuntos únicos de ideias preconcebidas que cada comprador em potencial leva para cada venda – não apenas sobre seu produto, mas sobre você, sobre confiar em vendedores em geral e sobre o próprio processo de tomada de decisões no que diz respeito a comprar –, mais uma vez, eles são todos diferentes.

Quando você pensa em todas as *aparentes* diferenças que podem surgir a qualquer momento em uma venda, não se surpreende que somente um percentual minúsculo da população fique à vontade com a ideia de entrar em uma situação que demanda vendas e influência. O restante do mundo se afasta ativamente disso – embora saiba como é absolutamente *crucial* para obter riqueza e sucesso.

Pior ainda, entre aqueles muito seletos que ficam à vontade, apenas um percentual mínimo conseguirá um dia o status de ser um grande produtor. O restante permanecerá em algum ponto no meio, preso no lodaçal de mediocridade e medianidade. Eles venderão *somente* o bastante para continuar valendo a pena "vender" (afinal, mesmo um vendedor decente ganhará mais dinheiro fechando negócios do que em trabalhos não relacionados com vendas), mas nunca experimentarão a liberdade financeira de ser um grande vendedor. Isso sempre permanecerá *fora de alcance*.

É uma triste realidade, mas esse é o fardo de qualquer vendedor que acredita que toda venda é diferente – uma descoberta que me atingiu como uma bomba atômica e que me levou diretamente à criação do Sistema Linha Reta.

Minha descoberta não se deu lentamente. Ela surgiu de uma vez só, durante uma sessão de treinamento de vendas de emergência que fiz no salão original da Stratton. Na época, eu tinha apenas doze corretores trabalhando para mim, e naquele momento específico – exatamente às 19h15 daquela terça-feira – eles estavam sentados na minha frente com aquelas expressões desconcertadas e céticas que eu passaria a conhecer tão bem.

Exatamente quatro semanas antes eu deparara com um nicho não explorado no mercado de ações de varejo, que era vender ações de 5 dólares para o 1% dos americanos mais ricos. Por alguma razão, ninguém em Wall Street havia tentado tal coisa antes; e quando eu testei a ideia, os resultados foram *tão* incríveis que decidi reinventar a empresa totalmente.

Na época, a Stratton estava vendendo ações baratas para pessoas comuns, e estávamos fazendo um sucesso *enorme* desde a abertura da empresa. No final do nosso terceiro mês, o corretor médio – ou Strattonita, como eles gostavam de se identificar – já ganhava mais de 12 mil dólares em comissões por mês, e um deles ganhava mais que o triplo disso.

Esse corretor era ninguém menos que Danny Porush, meu futuro sócio júnior, que acabaria sendo imortalizado no cinema em uma versão emagrecida e dentuça por Jonah Hill, que o interpretou livremente no filme *O Lobo de Wall Street*.

Seja como for, Danny foi a primeira pessoa a quem ensinei como vender ações baratas, e por sorte ele se revelou um vendedor nato, assim como eu. Na época, ambos trabalhávamos em uma pequena empresa de ações baratas chamada

Investor Center, e Danny era meu assistente. Quando eu saí para abrir a Stratton, levei Danny comigo, e desde então ele foi meu braço direito.

Foi Danny quem preencheu aquela primeira ordem de compra enorme com um investidor rico, no quinto dia do teste. Sua comissão, apenas nesse negócio, foi de 72 mil dólares, uma quantia tão incompreensivelmente grande que eu não teria acreditado caso não tivesse visto pessoalmente. Para dar uma noção de tal feito, era mais de *cem vezes* maior que a comissão média em um negócio de ações baratas. Nada menos que uma revolução.

Até hoje não me esqueço da expressão de Danny quando ele entrou em meu escritório com aquela ordem de compra maravilhosa; e também nunca me esquecerei de olhar para aquele salão eu mesmo, alguns momentos depois, após ter recuperado a compostura, e ver todo o meu futuro se desenrolar diante de meus olhos. Naquele exato instante soube que aquele seria o último dia que a Stratton venderia ações baratas para *qualquer um*. Com aquele enorme poder de fogo financeiro que um investidor rico poderia trazer, simplesmente não fazia sentido telefonar às cegas para pequenos investidores anônimos novamente. Simples assim.

Tudo o que restava era ensinar aos Strattonitas como fechar negócios com pessoas ricas, e o resto, como dizem, seria história.

***

Infelizmente, como *também* dizem, "mais fácil falar que fazer"!

No fim das contas, treinar um bando de idiotas que mal saíram da adolescência para confrontar os mais ricos investidores dos Estados Unidos foi muito mais desafiador do que eu poderia ter previsto. Revelou-se uma tarefa impossível.

Após quatro semanas de telefonemas os Strattonitas não tinham fechado um único negócio. Nem *um*! Pior ainda, como havia sido minha a ideia de mudar de alvo, os corretores estavam me considerando responsável por sua nova infelicidade.

Eles tinham passado de 12 mil dólares por mês para ganhar zero dólar por mês, e eu ficara sem ideias de como treiná-los. E não se enganem: eu havia tentado *tudo*.

Após fracassar lamentavelmente com meu *próprio* sistema, eu lera inúmeros livros sobre vendas, ouvira fitas e fora a seminários locais; até mesmo cruzara o país de avião até Los Angeles, Califórnia, para um seminário de vendas de três dias que supostamente teria sob o mesmo teto os maiores treinadores de vendas de todo o mundo.

Novamente, saí de mãos abanando.

Por mais perturbador que fosse, depois de um mês inteiro de coleta de informações, a mais valiosa que eu conseguira descobrir era que o meu *próprio* sistema de treinamento se mostrara muito mais avançado que qualquer outra coisa; e se não estava funcionando, a que eu poderia apelar? Estava começando a achar que talvez fosse simplesmente impossível.

Talvez os Strattonitas fossem fisicamente incapazes de abordar pessoas ricas. Eram jovens e incultos demais para ser levados a sério por eles. Mas como explicar o enorme sucesso que Danny e eu estávamos tendo em nossos telefonemas? Minha taxa pessoal de sucesso havia chegado a mais de 50%, e a de Danny estava em trinta e pouco.

Como eu podia telefonar usando as mesmas informações, o mesmo roteiro, vendendo a mesma ação e conseguir resultados tão diferentes? Era suficiente para deixar uma pessoa louca; ou, ainda *pior*, fazê-la abandonar o navio.

No final da quarta semana os Strattonitas basicamente haviam desistido. Estavam desesperados para voltar ao mundo das ações baratas, e à beira de um motim.

Então ali estava eu, na frente do salão, desesperado por uma solução. E estava prestes a me dar conta de que já havia encontrado uma saída.

Ao rever aquele momento, em pé diante dos corretores e tentando explicar como toda venda é igual, eu nunca teria adivinhado como estava perto de inventar o mais poderoso sistema de treinamento de vendas do mundo.

Quando disse que toda venda é igual, o que queria dizer naquela noite, e que acabou sendo uma das ideias mais profundas que eu já tivera, é que a despeito de todas aquelas diferenças já mencionadas – necessidades individuais, objeções, valores, pontos de desconforto –, os mesmos três elementos fundamentais precisam estar presentes na mente de qualquer comprador antes que você tenha uma chance de fechar negócio.

Deixe-me repetir: a razão pela qual toda venda é igual é porque, a despeito de todas as coisas *individuais*, os mesmos três elementos precisam estar na mente de qualquer comprador potencial antes que você tenha uma chance de fechar negócio.

E não importa o que você está vendendo ou como está vendendo; quanto custa ou quanto dinheiro o comprador potencial tem; e se é tangível ou intangível; pelo telefone ou pessoalmente. Se em determinado momento você conseguir estabelecer esses três elementos cruciais na mente do comprador potencial, então você tem uma excelente chance de fechar negócio. Ao contrário, se apenas um deles estiver ausente, você não tem nenhuma chance.

Os Três Dez

Nós chamamos esses três elementos centrais de os Três Dez – com o contexto sendo o atual grau de certeza de um possível comprador em uma escala de 1 a 10.

Por exemplo: se um possível comprador está atualmente em 10 na escala de certeza, significa que ele está em um estado de absoluta *certeza* naquele momento. Inversamente, se o possível comprador está atualmente em 1, ele está em um estado de absoluta *incerteza* no momento.

Em vendas, quando falamos em *certeza*, a primeira coisa que surge na mente das pessoas é a certeza sobre o *produto* sendo vendido. Antes que haja qualquer chance de um possível comprador adquirir um produto, ele precisa estar absolutamente *certo* de que o produto faz sentido para ele, de que atende suas necessidades, de que elimina *qualquer* dor que possa sentir, de que tem um bom valor quando comparado com o custo... E assim por diante.

Então, o primeiro dos Três Dez é o seu *produto*.

OS TRÊS DEZ
1. O produto, a ideia ou o conceito.
2. _____
3. _____

Essencialmente, seu comprador potencial precisa estar absolutamente certo de que *ama* seu produto, ou, como gostamos de dizer no Sistema Linha Reta, seu comprador potencial precisa achar que é a melhor coisa inventada desde o pão fatiado.

Isso inclui tanto produtos *tangíveis*, como carros, barcos, casas, comida, roupa, produtos de consumo e vários serviços que as pessoas utilizam, quanto produtos *intangíveis*, como ideias, conceitos, valores, crenças ou qualquer visão que você possa ter do futuro.

Ao longo dos anos, eu descobri que a forma mais simples e eficaz de explicar os Três Dez é imaginar um "*continuum* de certeza", como o abaixo:

```
                  Incerteza
1_____10
   Absoluta                    Absoluta
   Incerteza                   Certeza
```

Note como na extremidade *direita* do *continuum* você tem o número 10. Ele representa seu comprador potencial em um estado de absoluta *certeza* sobre o valor e a eficácia de seu produto, ou, simplificando, seu comprador potencial decididamente o *adora*!

Se você perguntasse a esse possível comprador o que ele pensa de seu produto, uma resposta totalmente honesta seria algo como: "Ah, meu Deus, é literalmente a *melhor* coisa desde o pão fatiado! Não apenas ele atende a todas as minhas necessidades, mas também tem um ótimo valor em relação ao custo! Eu só posso imaginar como me sentirei bem quando for usá-lo. Será como tirar um enorme peso de meus ombros!".

É um 10 na escala de certeza: seu comprador potencial simplesmente *adora* seu produto e tem absoluta certeza disso.

Então, na extremidade esquerda do *continuum* você tem o número 1. Ele representa seu comprador potencial em um estado de absoluta *incerteza* sobre o valor e a eficácia de seu produto, ou, simplificando, acha que é uma merda completa.

Nesse caso, se você fizesse ao comprador potencial a *mesma* pergunta anterior, ele responderia algo como: "Esse seu produto é a maior merda que eu já vi em toda a minha vida! Não apenas é caro demais, como também lembra merda, funciona que é uma merda, parece merda e é construído como merda. Então, quanto mais rápido você tirar essa merda da minha frente, mais feliz eu ficarei".

Esse é um 1 na escala de certeza: seu comprador potencial decididamente *despreza* seu produto e vai ser difícil fazê-lo mudar de ideia.

Ao longo do *continuum*, você tem os diversos graus de certeza entre 1 e 10, com o número 5, bem no meio, representando um estado de absoluta dúvida. É quando seu comprador potencial não se inclina nem para um lado, nem para o outro. No jargão comum de vendas, é identificado como o comprador potencial que está "em cima do muro", uma expressão que pretende destacar a natureza delicada desse estado. Contudo, com o Sistema Linha Reta, nós vemos o 5 de modo muito mais positivo. Para um Linha Retista experiente, um possível comprador que está em 5 tem um grande cartaz no peito dizendo:

**POR FAVOR, ME INFLUENCIE AGORA!
EU NÃO CONSIGO ME DECIDIR,
ENTÃO ME AJUDE!**

Embora estar em 5 signifique que seu comprador potencial está meio a meio em relação ao seu produto, isso *não* quer dizer que você tem apenas metade da chance de fechar negócio.

O mesmo vale para os níveis 3 e 7 na escala de certeza, basicamente imagens especulares um do outro. No caso do 3, seu comprador potencial acha que seu produto é basicamente um *lixo*, embora não tão lixo quanto se estivesse em 1. E no caso do 7, seu comprador acha que seu produto é bom, apesar de *de modo algum* ser tão bom quanto se estivesse em 10.

Nesses dois casos, contudo, se o comprador potencial está em 3 ou 7, é preciso se lembrar de duas coisas importantes. Primeiro, as sensações de certeza ou incerteza do comprador potencial são menos consolidadas do que se estivesse nos níveis mais à direita ou à esquerda deles. Em segundo lugar, a posição dele em qualquer dos níveis não corresponde diretamente a uma chance maior ou menor de finalmente fechar negócio. Em outras palavras, seu atual grau de certeza é apenas... *atual*. Não é permanente, e ele está esperando ansiosamente ser influenciado por você.

Quando chega a hora de fazer o pedido, não precisa ser um gênio para compreender que quanto mais perto de 10 você levar seu comprador potencial, maior a chance de fechar negócio. Porém, quanto mais distante do 10 estiver o comprador, menor a chance de fechar. Do ponto de vista prático, se ele estiver em algum ponto abaixo de 5, você basicamente não tem nenhuma chance de fechar. O motivo tem a ver com algo chamado *intenção positiva*, que é a base em função da qual todos os seres humanos tomam suas decisões.

Os seres humanos não compram coisas que acham que tornarão sua vida pior; eles compram coisas que acham que irão melhorá-la. Contudo, a palavra importante aqui é *acham*. Não é porque alguém tem intenção positiva que, necessariamente, suas decisões acabarão tendo um impacto positivo. No caso de muitas pessoas, isso não acontece. Suas vidas são marcadas por uma série de decisões danosas. Porém, mesmo esses "tomadores de decisões ruins em série" *acreditam* que suas decisões são boas quando as tomam. Essa é a definição de intenção positiva.

Consequentemente, na hora de fazer o pedido, se o comprador potencial acha que seu produto é uma *merda*, você não tem absolutamente nenhuma chance de fechar. Inversamente, se ele acha que o oposto é verdade – que seu produto é *a melhor coisa desde o pão fatiado* –, então você tem uma excelente chance de fechar negócio.

É lógica básica, certo?

Então, deixe-me perguntar:

Digamos que você tenha acabado de fazer uma apresentação de vendas absolutamente *espetacular* para um comprador potencial financeiramente qualificado que precisa de seu produto, quer seu produto e está sentindo algum desconforto como resultado de uma necessidade não atendida que seu produto preenche perfeitamente. Digamos *também* que sua apresentação de vendas foi tão "no alvo" que quando perguntou ao comprador qual era seu pedido, ele estava em um 10 na escala de certeza, e *terrivelmente* certo disso. Minha pergunta é: o comprador potencial irá comprar de você, sim ou não?

A resposta óbvia é *sim*, não é?

Antes que você responda, quero que saiba que apresentei a mesma situação a plateias de todo o mundo e fiz essa mesma pergunta. Quando eu peço às pessoas que levantem a mão caso achem que um possível comprador fechará com elas nessas circunstâncias, todas as mãos no salão se levantam.

Não importa em que lugar do mundo eu esteja, qual o tamanho da plateia ou quanta experiência de vendas ela tenha. A não ser que tenha aprendido o Sistema Linha Reta, as mãos sempre se erguem.

E é nesse momento que dou a lição.

Eu digo: "Quer saber? Vocês todos estão errados. A resposta certa é *talvez*. Talvez feche, talvez não". Eu estava sendo intencionalmente um pouco evasivo com você antes e deixei um elemento crucial de fora do quadro que apresentei.

E se o possível comprador não confiar em você?

Durante sua apresentação de vendas, por exemplo, você acidentalmente disse ou fez algo que irritou o comprador potencial, ao ponto de ele não confiar mais em você. Quais são as chances de que ele compre de você?

Vou lhe dizer quais são elas: zero! Nada! Necas!

Simples e direto: se o comprador potencial não confia em você, não há absolutamente nenhuma chance de que compre de você. E, mais uma vez, não ligo para *quão* certo ele está sobre seu produto, simplesmente não irá comprá-lo de você. Se ele tiver *tanta* intenção de comprar seu produto, simplesmente encontrará outra pessoa que venda a mesma coisa – um vendedor em que ele *confie* – e comprará desse vendedor. Simples assim.

Então, esse é o segundo dos Três Dez: *você!*

OS TRÊS DEZ
1. O produto, a ideia ou o conceito.
2. Você, confiança e ligação com você.
3. _____

Ele acha que você é uma pessoa agradável e confiável, que não é apenas um especialista em sua área, que se orgulha de pensar primeiro nas necessidades do cliente e que garante que se surgir qualquer problema estará lá imediatamente para solucioná-lo?

Seria um 10 na escala de certeza.

Ou ele acha que você é uma "serpente" desagradável, um novato frio que irá apunhalá-lo pelas costas no instante em que se virar, porque você só se importa em arrancar do negócio o maior volume de comissão que conseguir e se voltar para o alvo seguinte o mais rápido possível?

Seria um 1 na escala de certeza.

Entre esses dois extremos você tem todos os graus de certeza variáveis enquanto se desloca pela escala.

Talvez o possível comprador o considere *razoavelmente* confiável, mas não *goste* muito de você. Talvez a conexão entre vocês tenha se rompido em função de algo que disse durante sua apresentação de vendas – ou talvez tenha acontecido *antes* mesmo disso, no momento em que o comprador potencial colocou os olhos em você. Talvez tenha sido algo no modo como você olhou, no modo como apertou sua mão, ou quanto contato visual estabeleceu que afastou o comprador potencial e impediu você de firmar uma conexão profunda com ele.

Ou ainda, talvez tenha sido o modo como você fez perguntas enquanto tentava reunir informações, identificar suas necessidades e valores e descobrir se ele era financeiramente qualificado. Talvez isso tenha parecido o Grande Inquisidor – fazendo perguntas com o tipo de objetividade a laser que faz as pessoas acharem que você está mais interessado em aumentar sua comissão do que em eliminar o desconforto de seu cliente.

Qualquer que seja o caso, o que importa é que, do mesmo modo como você tem graus variáveis de certeza para como o comprador potencial se sente sobre seu produto, há graus variáveis de certeza para o que o comprador potencial sente sobre *você*.

Consequentemente, se deseja que seu comprador diga sim quando perguntar se ele quer fazer o pedido, você irá precisar que ele esteja o mais perto possível do 10 para essas duas coisas: você e seu produto.

Agora, deixe-me perguntar:

Digamos que você conseguiu levar o comprador potencial a um nível muito próximo de 10 para as duas coisas. Ele irá comprar de você, sim ou não?

Com sorte você agora entendeu e descobriu que a resposta será a mesma da última vez, que foi *talvez* – talvez sim, talvez não.

Como na última vez, eu deixei de fora do cenário um ponto crucial: *e se o comprador potencial não confia na empresa em que você trabalha?*

Digamos que o comprador potencial leu algo muito negativo sobre sua empresa, algo que o levou a acreditar que a empresa pode não garantir o produto que está oferecendo ou que dará um atendimento deficiente caso haja algum problema. Quais são as chances de que compre de você nessas circunstâncias?

São magras. E inexistentes.

É muito simples: se o comprador potencial não confia na empresa na qual você trabalha, não há absolutamente nenhuma chance de comprar de você – enquanto você continuar a trabalhar lá, ou até que consiga convencê-lo do contrário.

E, mais uma vez, não importa o quão certo ele está sobre os dois primeiros Dez. Ele não comprará de você se achar que a empresa na qual você trabalha acabará tentando ferrar com ele.

Então, esse é o terceiro dos Três Dez:

OS TRÊS DEZ
1. O produto, a ideia ou o conceito.
2. Você, confiança e ligação com você.
3. O comprador potencial precisa confiar e ter uma ligação com a empresa.

Por isso é muito mais fácil vender para clientes existentes do que para novos, mesmo que você não tenha uma relação pessoal com eles. O fato de que eles têm uma relação com a sua empresa significa que o terceiro Dez já foi estabelecido, deixando você com a necessidade de cuidar apenas do primeiro e do segundo Dez.

Se você trabalha em uma empresa Fortune 500 com uma reputação impecável, suas chances são extremamente altas de que o comprador potencial já *comece* a venda com um nível muito alto de confiança no terceiro Dez. É bastante evidente, certo?

Contudo, o que *não* é tão evidente é que além de ter o terceiro Dez definido, há uma probabilidade extremamente grande de que o comprador potencial comece com um grande nível de certeza no primeiro e no segundo Dez.

Antes mesmo que você abra a boca, o comprador potencial *também* estará inclinado a confiar em você (porque empresas de boa reputação escolhem seus empregados cuidadosamente e investem tempo em treinamento) e no produto que você oferece (porque empresas com boa reputação têm coisas demais a perder vendendo produtos de baixa qualidade).

Inversamente, se você estiver trabalhando para uma empresa que tem reputação *duvidosa*, sua perspectiva é de iniciar o encontro de venda com níveis *muito* inferiores de certeza. Dependendo de quão ruim é a reputação, você poderá se ver travando uma grande batalha encosta acima com um comprador potencial, já que muitos deles começarão o encontro de venda com nível de certeza abaixo de 3.

Finalmente, se você trabalha em uma empresa pequena com uma reputação que não é boa nem ruim, simplesmente desconhecida, terá pouco impacto na posição de certeza de seu comprador potencial, além do natural ceticismo que surge ao lidar com uma empresa da qual nunca se ouviu falar.

Qualquer que seja o caso, a coisa mais importante a lembrar é que o comprador potencial sempre iniciará o encontro de venda em algum ponto da escala de certeza. Exatamente onde, quem sabe? Afinal, não sabemos ler mentes. Contudo, o que sabemos é que o comprador potencial estará em *algum ponto* da escala, porque ele não acabou de chegar do espaço sideral nem saiu de debaixo de uma pedra. Seu comprador tem vivido exatamente aqui, no planeta Terra, o que quer dizer que terá pelo menos *alguma* experiência com o tipo de produto que você está vendendo e o setor no qual você trabalha.

Digamos que você é um vendedor de carros, trabalhando em uma revendedora Mercedes. Mesmo que seu possível cliente nunca tenha dirigido ou se sentado em uma Mercedes, você não esperaria que ele reagisse como um daqueles chimpanzés de *2001: uma odisseia no espaço*, guinchando e pulando para cima e para baixo no capô, como se tentasse compreender um objeto totalmente estranho.

Deu para entender?

O que eu quero dizer é que não importa qual produto você está vendendo, se o comprador potencial passa pela porta, atende seu telefonema ou clica em seu site na internet, ele sempre começará o encontro com uma noção prévia de você, do seu produto e da empresa na qual você trabalha.

Todos chegamos a determinado momento do tempo com um histórico de crenças, valores, opiniões, experiências, vitórias, derrotas, inseguranças e estratégias de tomada de decisão – e com base em todas essas coisas, nosso cérebro, trabalhando quase à velocidade da luz, relaciona instantaneamente isso a qualquer cenário com o qual se depara. Depois, com base no resultado, ele nos coloca no ponto da escala de confiança que considera adequado para cada um dos Três Dez – e é a partir desse ponto que podemos ser influenciados.

Se você acha que tal argumento soa um pouco complicado, não tema; prometo que não é. Assim que você dominar ainda que *razoavelmente* o Sistema Linha Reta, será capaz de pegar qualquer comprador potencial, independentemente de *em que ponto* começou na escala de certeza, e levá-lo a níveis cada vez mais altos de certeza com impressionante facilidade. Será uma questão de assumir o controle imediato da venda, depois conduzir o comprador pela Linha Reta, passo a passo, do início ao fechamento, criando uma enorme certeza no processo.

Dois tipos de certeza

Antes de seguir em frente, há apenas mais uma coisa sobre a certeza que preciso lhe dizer – na verdade, há dois tipos dela: você tem a certeza lógica e a certeza emocional, e essas são duas coisas totalmente diferentes.

CERTEZA LÓGICA

A certeza lógica é baseada principalmente nas palavras que você diz. Por exemplo: seu discurso para o comprador potencial opera em um nível intelectual? Estou falando sobre fatos e números, características e vantagens e proposta de valor em longo prazo, no que diz respeito àquela pessoa específica.

Do ponto de vista sóbrio e sem emoção, a ideia ou *tese* que você apresentou faz sentido? Seu produto ou serviço atende à necessidade dele? Tem um preço justo em comparação com a concorrência? A relação custo-benefício torna esse negócio indubitavelmente bom?

Quando um comprador potencial está se sentindo logicamente certo quanto ao seu produto, pode ir do início ao fim, ligando os pontos do argumento lógico que você apresentou sem encontrar buracos em sua narrativa. Consequentemente, ele fica confiante em sua capacidade de contar a história a outra pessoa e, caso necessário, convencer essa pessoa de que está 100% justificado para sentir como se sente – que, do ponto de vista puramente empírico, a verdade está do seu lado.

A certeza lógica diz respeito a isso.

CERTEZA EMOCIONAL

Já a certeza emocional se baseia em um instinto de que algo *deve* ser bom. Assim que ele nos atinge, sentimos uma *ânsia* interna que precisa ser atendida, mesmo que haja um alto preço a pagar.

Diferentemente da certeza lógica, a certeza emocional tem a ver com pintar para o comprador potencial um quadro do futuro depois de ele ter comprado seu produto e se ver usando-o, e em consequência sentindo-se bem.

Chamamos essa técnica de *caminhar pelo futuro*, e ela funciona como uma estrutura para conduzir alguém emocionalmente.

Quando você caminha pelo futuro com alguém, está fundamentalmente exibindo o filme da pós-compra da melhor forma possível – permitindo que a pessoa experimente os impressionantes benefícios de seu produto *imediatamente*, junto com as sensações positivas que geram. As necessidades do comprador potencial foram atendidas, seu incômodo foi eliminado, qualquer comichão que tivesse foi coçado, e como resultado ele se sente maravilhoso.

Se você está se perguntando qual desses dois tipos de certeza é mais importante, a resposta é que *ambos* são importantes e absolutamente cruciais se você quiser fechar negócios em um nível mais alto.

As pessoas não compram com base em lógica; compram com emoção, e depois justificam sua decisão com lógica. A mente lógica é analítica por natureza, de modo que quanto mais informação você dá, mais informação ela quer receber. Consequentemente, se você levar o comprador potencial a um nível alto de certeza lógica, ele dirá: "Parece ótimo, deixe-me pensar um pouco" ou "Vou pesquisar um pouco mais e depois ligo para você".

Contudo, se você desiste de apresentar um argumento lógico e se concentra unicamente em criar uma certeza emocional, também não dará certo, porque a mente lógica serve como um detector de besteiras humanas. Ela nos impede de ser arrastados pelas nossas emoções quando as coisas não fazem sentido lógico. Consequentemente, se você quiser fechar negócios em nível mais alto, terá de criar os dois tipos de certeza – lógica e emocional – que é exatamente o que estará fazendo ao conduzir o comprador potencial pela linha reta, do começo ao fechamento.

Continuum de certeza

1 _____ 10
Incerteza   Certeza
Absoluta   Absoluta

Então, me permita resumir as coisas para você uma última vez, antes de darmos o próximo passo.

Se você conseguiu levar o comprador potencial a um nível de certeza muito alto (os dois tipos de certeza) para cada um dos Três Dez, terá uma grande chance de fechar negócio. Inversamente, se apenas um dos Três Dez não foi obtido, você não terá chance de fechar.

Contudo, quando eu digo sem chance, não quero dizer que o comprador potencial responderá com um peremptório não. Quando você segue os princípios do Sistema Linha Reta, quase nunca ouvirá a palavra não, a não ser bem no começo da venda, quando está se apresentando ou quando está qualificando o comprador potencial.

Nesses momentos da venda, você irá ouvir a palavra não, e não há nenhum problema. Na verdade, é um importante aspecto do Sistema Linha Reta, já que uma das filosofias básicas é que não fazemos uma grande apresentação de vendas para alguém que não está interessado em comprar o que estamos vendendo.

Em vez disso, queremos nos livrar dessas pessoas o mais rápido possível durante a fase de coleta de informações. Lembre-se, não é função do vendedor transformar não em sim. Não é o que ele faz. Nós transformamos "Deixe-me pensar a respeito" em sim, "Eu ligo para você" em sim, "Preciso conversar com a minha esposa" em sim, e "É um momento ruim do ano" em sim.

No jargão tradicional de vendas, nós nos referimos a essas várias declarações como "objeções", e elas surgem principalmente no final da venda, quando você pergunta pela primeira vez pelo pedido.

Mas o verdadeiro significado de qualquer objeção específica tem muito pouco a ver com o que parece superficialmente.

No fim das contas, objeções são apenas cortinas de fumaça para a incerteza em um ou todos os Três Dez.

Se você chegar ao momento do pedido e seu comprador potencial não estiver suficientemente alto na escala de certeza, ele criará uma cortina de fumaça na forma de uma das objeções comuns em vez de ser direto com você, o que significaria revelar especificamente qual dos Três Dez o está contendo.

Há algumas exceções, que abordarei um pouco mais para a frente, mas o que quero dizer é que em mais de 95% do tempo as objeções não passam de manobras por parte do comprador potencial, que prefere evitar a compra de modo elegante em vez de ter de olhar nos olhos do vendedor e apresentar a falta de certeza no que diz respeito aos Três Dez.

Por exemplo, é muito menos belicoso dizer "Deixe-me pensar a respeito" ou "É um momento ruim do ano" a alguém que acabou de passar dez minutos lhe contando como um produto é maravilhoso do que dizer: "Eu não confio em você", "Acho que seu produto fede", "Não gosto da sua empresa", "Não posso pagar agora", ou "Seu produto parece ser algo grande, mas eu não estou 1.000% certo e não posso me permitir o risco de estar errado e ter minha esposa me seguindo pela casa gritando 'Eu disse! Eu disse!'".

Então, para evitar a possibilidade de um confronto direto, o comprador potencial inventa uma mentirinha, uma mentira *especial*, uma mentira que dá ao vendedor a suficiente falsa esperança de que há uma chance de receber um telefonema para encerrar o encontro naquele momento, sem pressionar mais o comprador potencial.

O comprador potencial com frequência começa sua objeção com uma frase rápida sobre o quanto gosta de seu produto.

Por exemplo, o comprador potencial pode começar com algo como "Isso parece bastante bom, Jim", ou "Parece realmente interessante, Jim" e depois continuar com "Eu só preciso falar com a minha esposa primeiro. Posso ligar de volta amanhã?".

E o comprador potencial se retira elegantemente da venda, enquanto o vendedor, se for ingênuo o bastante para acreditar nessa farsa, elimina qualquer possibilidade de fechar negócio e também está pronto para um enorme desconforto quando começar a dar os telefonemas seguintes para pessoas que, para começar, não tinham intenção de comprar.

Antes de seguirmos em frente, só quero desmontar qualquer ideia que você possa ter de que a estratégia Linha Reta para lidar com objeções estimula, apoia ou mesmo *recomenda remotamente* o uso de táticas de venda de alta pressão de qualquer tipo.

De modo simples, *não*.

O que eu estava falando antes era algo totalmente diferente. É bom *tanto* para o comprador potencial *quanto* para o vendedor ser honesto e direto um com o outro durante um encontro de vendas, pois qualquer outra coisa é completa perda de tempo.

Com o Sistema Linha Reta não deixamos ao acaso um resultado crucial como *comunicação honesta*. Nós *garantimos* isso fazendo com que seja responsabilidade do vendedor, e depois dando a ele uma fórmula infalível para conseguir esse resultado sempre.

Então, vamos voltar àquele fim de tarde de terça-feira, quando a ideia do Sistema Linha Reta começou a borbulhar em meu cérebro. Coincidentemente, foi a questão de lidar com objeções que me fez pensar sobre um modo melhor de treinar vendedores e me levou àquela declaração revolucionária de que *toda venda é igual*.

A reunião começou pontualmente às 19 horas.

Era uma reunião que mudaria a vida de milhões de pessoas em todo o mundo, ricas e pobres, e criaria mais vendedores de primeira grandeza que todos os outros sistemas de treinamento de vendas somados.

2
Inventando a linha reta

— Estou pronto para continuar a noite inteira — eu disse ameaçadoramente aos Strattonitas e olhei nos olhos de cada um deles, deixando que sentissem todo o peso do meu olhar. Estavam sentados atrás de velhas escrivaninhas de madeira, dispostas como em uma sala de aula, e em cada tampo havia um telefone preto barato, um monitor de computador cinza e uma pilha de, talvez, cem fichas de 7,5 cm por 12,5 cm que eu comprara da Dun & Bradstreet por centavos de dólar a unidade. Cada uma dessas fichas tinha o nome e o telefone de um rico investidor, juntamente com a empresa de que eram donos e o faturamento do ano anterior.

Para Danny e para mim, essas D&Bs, como eram chamadas, valiam tanto quanto ouro – cada duzentas fichas levava a dez boas oportunidades, das quais abríamos entre duas e três novas contas. E embora esses números pudessem não soar muito impressionantes, qualquer corretor que tomasse esse tipo de atitude três meses seguidos estaria a caminho de ganhar mais de 2 milhões de dólares por ano; e se fizesse tal coisa durante um ano, estaria a caminho de ganhar mais que o triplo desse montante.

Infelizmente, os resultados dos Strattonitas não eram tão impressionantes assim. Na verdade, eles estavam sendo horríveis. A cada duzentas D&Bs para as quais ligavam, eles conseguiam em média apenas *cinco* oportunidades, e dessas cinco estavam fechando em média... nenhuma.

Nunca.

— Então é melhor que fiquem confortáveis, porque não vamos a lugar nenhum até resolvermos essa questão — continuei. — Por isso, vamos começar sendo totalmente honestos. Quero que vocês me digam por que estão achando tão difícil fazer negócio com pessoas ricas, porque eu realmente não estou percebendo — disse, dando de ombros. — Eu estou fazendo isso! Danny está fazendo isso! E sei que vocês também podem fazer isso — dei a eles um leve sorriso simpático. — É como se vocês estivessem com alguma espécie de bloqueio mental, e chegou a hora de acabar com ele. Então, vamos começar com vocês me contando: por que é *tão* difícil para vocês? Eu *realmente* quero saber.

Alguns instantes se passaram, enquanto eu ficava ali em pé na frente do salão, lançando um olhar perfurante sobre os Strattonitas, que pareciam estar literalmente *se encolhendo* em suas cadeiras sob o peso do meu olhar. Certo, eles eram um bando heterogêneo. Não havia como negar tal fato. Era um milagre que qualquer daqueles palhaços tivesse conseguido passar no exame de corretor.

Finalmente, um deles rompeu o silêncio:

— Há objeções demais — choramingou. — Eu estou sendo golpeado com elas direto. Nem consigo falar.

— Eu também — acrescentou outro. — Há *milhares* de objeções. Também não consigo falar. É muito mais difícil do que com ações baratas.

— Exatamente — concordou um terceiro. — Eu estou sendo soterrado com objeções — disse, e suspirou fundo. — Também voto pelas ações baratas!

— A mesma coisa aqui — aduziu outro. — São as objeções, elas não param.

O restante dos Strattonitas começou a anuir, concordando, enquanto murmuravam baixo sua desaprovação.

Mas eu não estava nada desconcertado. Com a exceção daquela única referência a "votar" – *como se isto aqui fosse a porra de uma democracia!* –, eu já tinha ouvido aquilo tudo antes.

Desde o dia em que tínhamos feito a troca, os corretores estavam se queixando do número crescente de objeções e de como era difícil superá-las. E embora houvesse alguma dose de verdade nisso, não era nem de longe tão difícil quanto eles estavam fazendo parecer, de modo algum. São *milhares* de objeções? Dá um tempo!

Por um momento eu pensei em agir imediatamente contra o Strattonita agitador, mas desisti.

Era hora de acabar com a babaquice daqueles caras, de uma vez por todas.

— Bastante justo — eu disse com um toque de sarcasmo. — Como vocês estão tão certos sobre esses *milhares* de objeções, quero registrar cada uma delas agora mesmo.

Virei-me para o quadro branco, peguei um marcador na prateleira e o ergui até o centro do quadro.

— Vão em frente! Comecem a apresentar cada uma das objeções e eu lhes darei respostas a todas elas, uma por uma, para que vocês vejam como é fácil. Vamos lá, comecem!

Os Strattonitas começaram a se remexer desconfortavelmente nas cadeiras. Pareciam totalmente perplexos, como uma família de cervos iluminada pelos faróis, mas nem de longe tão fofinhos.

— Vamos lá — pressionei. — Falem agora ou se calem para sempre.

— Eu quero pensar a respeito! — um finalmente gritou.

— Bom — eu disse, e escrevi a objeção no quadro branco. — Ele quer pensar nisso. É um grande começo. Continuem.

— Ele quer que você telefone novamente! — outro gritou.

— Certo — eu disse, também anotando aquela objeção. — Quer um novo telefonema. O que mais?

— Mande algumas informações!

— Certo, essa é boa — comentei, também anotando. — Continuem, eu vou facilitar e vamos chegar apenas a mil. Faltam só 997 — disse, e lancei um sorriso sarcástico. — É totalmente possível.

— É uma época do ano ruim! — alguém gritou.

— Bom. Continuem.

— Preciso conversar com minha esposa! — outro berrou.

— Ou com o sócio! — acrescentou alguém.

— Excelente — eu disse calmamente, anotando as duas objeções. — Estamos realmente avançando. Só faltam 994. Continuem.

— Eu estou sem liquidez agora! — berrou um corretor.

— Ah, essa é boa! — eu disse rapidamente, rabiscando no quadro. — Embora você tenha de admitir que não vai ouvir muito essa, já que começamos a ligar para pessoas ricas. De qualquer forma, vamos continuar. Só faltam 993.

— Eu só negocio com a minha corretora! — um deles berrou.

— Nunca ouvi falar da sua empresa! — gritou outro.
— Já me enganaram antes!
— Não estou gostando do mercado agora!
— Estou muito ocupado!
— Não confio em você!
— Eu não tomo decisões apressadas!

E eles continuaram, apresentando objeção após objeção, enquanto eu as anotava com uma caligrafia cada vez pior. Quando terminaram, eu cobrira toda a superfície do quadro com todas as objeções em que tinham conseguido pensar... que, no fim das contas, eram apenas catorze.

Havia apenas *catorze* objeções, e metade delas era de variações de duas. Primeira, que era um momento ruim do ano, como em pagamento de impostos, verão, volta às aulas, Natal, hora da cerveja, Dia da Marmota. E, segunda, que eles precisavam conversar com alguém, fosse cônjuge, advogado, sócio, contador, corretor pessoal, vidente pessoal, fada do dente pessoal.

Que besteirada!, pensei.

Nas quatro semanas anteriores, os Strattonitas estavam reclamando sem parar de como era impossível lidar com aqueles "milhares de objeções" a um ponto em que, em meu pior momento, quase tinham me convencido de que estavam certos – que simplesmente eram objeções demais para que um vendedor mediano desse conta e de que o sucesso que Danny e eu estávamos conseguindo era outro exemplo da diferença entre vendedores natos e todos os outros. *Mas não tinha passado de um monte de besteiras!*

Imediatamente senti meu rosto esquentar.

Retrospectivamente, antes mesmo de ter inventado o Sistema Linha Reta eu sempre soubera que não havia nenhuma diferença real entre uma objeção e outra. Mas, de algum modo, vê-las rabiscadas daquela forma no quadro branco simplesmente destacou como elas eram intercambiáveis. Foi naquele exato momento que ficou claro que, no fim das contas, elas eram basicamente iguais – que as objeções comuns não passavam de *cortinas de fumaça* para o que estava fazendo um comprador potencial resistir, que era uma falta de certeza.

Pensando sobre isso, não importa qual objeção o comprador potencial me apresente, eu nunca responderia e insistiria em um pedido. Não fazia sentido, já que a objeção era uma cortina de fumaça para a incerteza. Uma resposta (mesmo uma perfeita) obrigaria o comprador potencial a passar para uma nova objeção, já que a raiz do problema ainda não havia sido abordada.

Consequentemente, após ter respondido a uma objeção, eu retornaria ao início da venda e faria uma nova apresentação começando do ponto em que a minha saíra dos trilhos – com o objetivo de aumentar o grau de certeza do comprador potencial em todos os Três Dez. E, mais uma vez, como no restante das minhas estratégias, faria todas as minhas reiterações precisamente da mesma forma, todas as vezes.

Foi naquele exato instante que de repente me ocorreu a ideia de que todas as vendas são iguais. De uma só vez, aquele conceito começou a borbulhar em meu cérebro, seguido um milissegundo depois por uma imagem elegantemente simples que eu poderia usar para explicá-lo.

A imagem acabou sendo a de uma linha absolutamente reta.

Foi apenas o começo.

Algo tinha dado um estalo dentro do meu cérebro, e uma janela de clareza se abrira, me oferecendo acesso ilimitado a um reservatório aparentemente infinito do que pode ser mais bem descrito como pura sabedoria de vendas. Estou falando aqui de coisas radicalmente avançadas – ideias, conceitos, táticas e estratégias giravam em minha mente a uma velocidade inacreditável. Eu podia ver minha própria estratégia de vendas sendo desmontada em suas peças elementares, depois remontada em uma ordem exata, ao longo de uma linha reta. Meu coração perdeu o compasso. Aconteceu tão rápido que pareceu quase instantâneo, mas me atingiu com a força de uma bomba atômica.

Até aquele exato instante eu não soubera por que fora capaz de vender muito mais que qualquer outro vendedor em todas as empresas nas quais havia trabalhado. Mas então soube.

Minha própria estratégia de vendas, que até então fora basicamente inconsciente, de repente se tornara consciente. Eu podia ver cada parte dela, como se tivesse as bordas definidas de uma peça de quebra-cabeça, e cada peça isolada parecia estar berrando para mim seu objetivo. Mas havia mais – *muito, muito mais.*

Quando eu dava atenção a uma peça específica, de repente tinha acesso a toda experiência fundamental e a toda memória que justificava o sentido e a localização daquela peça; e ao me concentrar ainda mais, uma avalanche de palavras brotava em minha consciência, fornecendo a explicação perfeita para a peça e como ela se relacionava com as outras.

Se eu olhasse para o ponto na linha identificado como "apresentação de vendas", eu imediatamente sabia que havia três coisas com as quais era preciso lidar antes que o comprador potencial dissesse sim; e então, se eu me concentrasse um pouco mais, a palavra "certeza" surgia em minha mente, seguida, um milissegundo depois, de cada um dos Três Dez, que pareciam flutuar acima da linha e estar presas a cenas remontando até minha infância, de situações aleatórias de venda em que eu estivera dos dois lados, como vendedor ou comprador potencial, e uma lembrança clara de por que dissera não ou sim ao vendedor, ou os compradores potenciais me disseram não ou sim.

Todas essas coisas, comprimidas em um milissegundo, dispararam pelo meu cérebro enquanto eu estava em pé diante do quadro branco, olhando para as objeções. De uma ponta a outra, a experiência inteira deve ter durado um ou dois segundos, mas quando me virei para encarar os Strattonitas, era uma pessoa totalmente diferente.

Enquanto eu estudava seus rostos, as forças e as fraquezas de cada um surgiam em meu cérebro em um fluxo singular de pensamentos, assim como um modo exato de treinar cada um deles à perfeição. Resumindo, eu os ensinaria a vender exatamente como eu fazia – assumindo imediatamente o controle da venda, depois levando o comprador potencial da abertura ao fechamento pela menor distância entre dois pontos: uma linha reta.

Com confiança renovada, eu disse:
— Vocês não percebem? Toda venda é igual!
Todos os doze Strattonitas me lançaram olhares desconcertados.

Eu os ignorei, com prazer, e anunciei minha descoberta:
— Olhem — disse com energia. — É uma linha reta!
Então, me virei novamente para o quadro branco e, pela primeira vez, desenhei aquela comprida linha fina horizontal no meio dele e coloquei um grande X grosso em cada ponta.

A linha reta
Toda venda é igual

Abertura   Fechamento

— Aqui é a sua abertura — disse, apontando para o X à esquerda da linha —, onde a venda começa, e aqui é seu fechamento — apontei para a extremidade direita da linha —, onde o comprador potencial diz "É, vamos lá" e abre uma conta com você.

— O segredo aqui é que, literalmente desde a *primeira* palavra que sai de sua boca, tudo que diz e tudo que faz é concebido para manter o comprador potencial na linha reta, e lentamente o conduzir à frente, da abertura ao fechamento. Estão me acompanhando?

Os Strattonitas anuíram em conjunto. O salão estava tão silencioso que você poderia ouvir um alfinete caindo. O ar parecia elétrico.

— Bom — eu disse rapidamente. — Como vendedores, de vez em quando conseguimos uma daquelas vendas perfeitas, sem resistência, em que o comprador potencial parece estar quase de acordo antes mesmo de abrirmos a boca.

Enquanto continuava a falar, comecei a desenhar pequenas flechas no centro da linha, começando pouco depois do X à esquerda e seguindo pela linha até pouco antes do X à direita.

— É uma daquelas vendas em que tudo que você diz e faz, e toda justificativa que dá para que o comprador potencial compre de você, ele continua dizendo *sim, sim, sim*, sem fazer uma única objeção, até o momento em que você pergunta sobre o pedido e ele concorda em fazer negócio. É o que eu quero dizer com uma venda perfeita em linha reta.

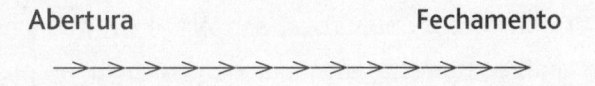

Abertura   Fechamento
→ → → → → → → → → → → →

— Quem nunca fez uma dessas vendas fáceis perfeitas em que o cliente quase parecia estar de acordo desde o começo? Todos vocês fizeram, certo?

Eu ergui a mão direita, estimulando-os a fazer o mesmo.

Todas as doze mãos se ergueram rapidamente.

— Claro que sim — eu disse, confiante. — O problema é que essas vendas são poucas e com grande intervalo. Normalmente o que acontece é que o comprador potencial tenta tirar você da linha reta para assumir o controle da conversa.

Desenhei uma série de setas finas apontando para cima e para baixo (↑↓), para longe da linha reta, para ilustrar o argumento.

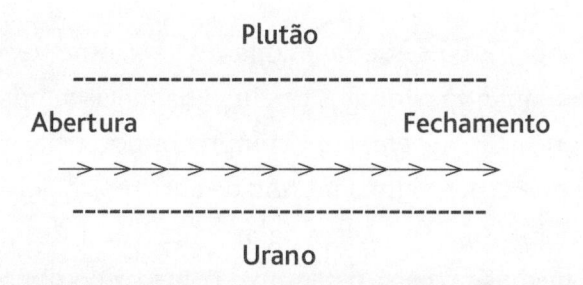

Plutão

Abertura   Fechamento
→→→→→→→→→→→→

Urano

— Então, você basicamente quer manter o cliente potencial *na* linha reta, avançando na direção do fechamento, e ele ainda tenta tirar você *da* linha reta, espiralando rumo a Plutão — disse, e escrevi a palavra Plutão perto do alto do quadro — ou aqui embaixo, para *Your-anus* — e escrevi a palavra *Your-anus* perto da base do quadro — o que não é um lugar muito bom para estar.

Eu joguei as mãos para cima e dei de ombros, como dizendo "Cada um com seu gosto!".

— O que temos, portanto, são esses limites saudáveis, acima e abaixo da linha; um *aqui* e outro *aqui* — prossegui, desenhando duas linhas pontilhadas paralelas à linha reta, uma delas 15 centímetros acima, outra 15 abaixo.

"Quando você está *dentro* desses limites, está no controle da venda e avança na direção do fechamento. Quando está *fora* dos limites, o cliente está no controle e você rodopia na direção de Plutão, ou *aqui* para baixo, para *Your-anus*, onde conversa sobre o preço do chá na China, a política nos Estados Unidos ou sobre algum outro assunto irrelevante e não relacionado à venda.

"Ouço vocês fazendo essa merda o tempo *todo* quando circulo pelo salão, e isso me deixa *louco*! — disse, balançando a cabeça gravemente. — Noventa por cento do tempo vocês estão em Plutão, conversando sobre algum absurdo que não tem nada a ver com o mercado de ações — disse, depois fechei os olhos com força e sacudi a cabeça para a frente e para trás rapidamente, como quem diz: "Algumas coisas simplesmente desafiam a lógica!". — Seja como for, eu sei o que vocês estão pensando; quanto mais tempo vocês passarem de *conversa fiada* com essas pessoas, mais conexão acabarão estabelecendo.

"Tenho uma novidade para vocês — continuei, sarcástico. — Vocês estão *errados*. As pessoas descartam essa merda em dois segundos, especialmente *pessoas ricas*, que estão sempre atentas a tal coisa. Para eles, isso é *repulsivo*, não atraente, é o sentido oposto de estabelecer uma conexão — afirmei, dando de ombros. — Seja como for, não importa, porque vocês vão parar de fazer essa merda *agora*. *Acabou*.

"Vou ensinar a vocês esta noite como assumir o controle da venda, do modo como *eu* faço e como ensinei Danny a fazer; significa que vocês vão ficar dentro desses limites, aqui e aqui. É onde vocês estão *no controle. Bum, bum!*

Bati os nós dos dedos da mão direita em dois pontos dentro dos limites, um acima da linha e outro abaixo, e marquei cada ponto com as iniciais NC.

— E aqui e aqui é onde vocês estão *sem* controle.

E bati os nós dos dedos da mão direita em dois pontos fora dos limites, um acima da linha pontilhada superior e um abaixo da linha inferior, e então marquei cada espaço com as iniciais SC.

— No controle, sem controle — repeti, batendo nas respectivas iniciais.

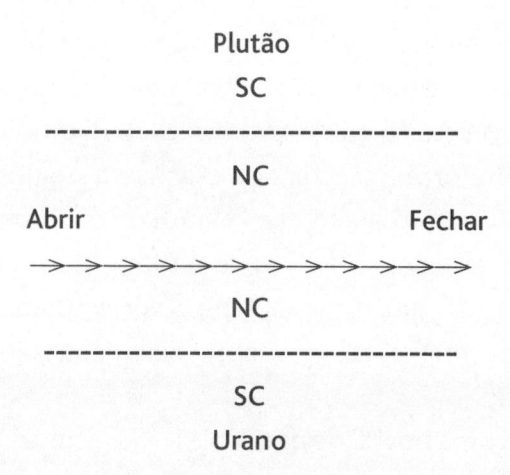

Plutão
SC

NC
Abrir   Fechar
→→→→→→→→→→→→
NC

SC
Urano

— Quando você estiver sobre a linha reta, diretamente em cima dela, só *você* estará falando. E o motivo pelo qual todas essas setinhas apontam ao longo da linha para o fechamento — disse, e comecei a bater a ponta do marcador em cada seta enquanto continuava a falar, começando pela primeira, logo depois de abertura e indo rapidamente para a direita, até o fechamento — é porque a cada palavra que você diz tem em mente um objetivo específico e conduz o cliente potencial pela linha reta rumo ao fechamento. Simples assim.

Não há palavras gratuitas, não há tempo para declarações idiotas nem para ir a Plutão e conversar sobre o preço do chá na China.

"*Essa* merda é para *novatos* — disse, com meu evidente desprezo por novatos escorrendo da própria palavra. — Quando *você* está falando, é *dirigido*. É poderoso. Suas palavras têm um *significado* por trás; e o significado é criar uma *enorme* certeza na mente de seu comprador potencial à medida que você o conduz pela linha reta, da abertura ao fechamento — disse e apontei novamente para as setas. — Cada uma dessas setas é *compacta*, *apertada* e *bem sobre a linha*; e todas apontam diretamente para o fechamento.

"Então, mais uma vez, é o que acontece quando você está diretamente *sobre* a linha reta. Só você fala, e seu cliente escuta. E quando você sai da linha reta, mas ainda dentro dos limites, aqui e aqui — disse, apontando para os espaços — é o comprador potencial quem fala e você fica escutando.

"Por falar nisso, aqui é quando algumas coisas grandes acontecem; quando você está *fora* da linha reta, bem nesses espaços. Na verdade, não há uma, mas duas coisas absolutamente cruciais acontecendo aqui. Primeiro, você está estabelecendo uma imediata e enorme conexão, em um plano consciente *e* inconsciente; e, em segundo lugar, está reunindo muita informação, o que até esta noite eu costumava me referir como *qualificadora*. Mas, a partir de agora, quero que vocês apaguem essa palavra da mente para sempre porque ela não chega nem *perto* de descrever o que precisamos conseguir aqui.

"Com a Linha Reta você precisa *coletar informação*, e eu me refiro a *muita informação*, que vai bem além de descobrir se um comprador potencial é ou não financeiramente qualificado.

— Quando você coleta *informação* de um comprador potencial, está fazendo as seguintes coisas:

- **Primeiro**, você está identificando as necessidades dele; e não apenas a necessidade central, mas quaisquer necessidades secundárias ou "problemas" que possa ter.
- **Segundo**, você está identificando qualquer crença central que possa influenciar a venda, como não ficar à vontade falando ao telefone ou tomar decisões apressadas, e também não confiar em vendedores em geral.
- **Terceiro**, você quer descobrir sobre quaisquer experiências passadas que teve com produtos similares, tanto boas quanto ruins, e como se sente sobre o vendedor que os vendeu.
- **Quarto**, você quer identificar seus valores, ou seja, quais coisas são mais importantes para ele. Ele busca crescimento ou renda, quer se preparar para a aposentadoria ou dar lucros para uma entidade filantrópica ou instituição religiosa? O comprador potencial pode até mesmo ser um viciado em adrenalina que está em busca de emoção.
- **Quinto**, você quer identificar seus padrões financeiros, descobrindo seu grau de riqueza e a capacidade de gasto que precisa ter para se sentir bem consigo mesmo.
- **Sexto**, quais são seus desconfortos, aquilo que o mantém acordado à noite? Qual é aquela preocupação financeira que permanece na base de seu crânio e o puxa para baixo como uma âncora?
- No fim das contas, conhecer o desconforto do comprador potencial e, se necessário, aumentar esse desconforto. Caso ele esteja em negação, é o que vai ajudar você a fechar as vendas mais difíceis. E, em **sétimo**, você precisa identificar como ele está financeiramente, quanto dinheiro tem no mercado no momento, qual a liquidez, quanto dinheiro

costuma investir em uma ideia de que gosta e quanta liquidez tem em geral.

"Então, voltando à Linha Reta: quando você sai da linha, está procurando (a) continuar aumentando a conexão que já estabeleceu e (b) usar essa conexão para ajudá-lo a coletar mais informação invasiva, como a liquidez do comprador potencial. E, ao mesmo tempo, você está garantindo que o encontro permaneça dentro dos limites, enquanto continua no processo de conduzir a venda pela Linha Reta, rumo ao fechamento. Esses são os objetivos básicos da primeira metade da Linha Reta:

1. Você precisa assumir imediatamente o controle da venda.
2. Você precisa fazer uma enorme coleta de informação, ao mesmo tempo em que estabelece uma enorme conexão com o comprador potencial.
3. Você precisa fazer uma transição suave para a apresentação Linha Reta, de modo a iniciar o processo de construir certeza absoluta para cada um dos Três Dez.

"Mais uma vez, durante a primeira metade da venda você primeiro assume o controle dela, depois usa esse controle para reunir um enorme volume de informações, o que demanda fazer perguntas específicas, que eu prepararei para vocês antecipadamente, de modo a garantir que reuniram todas as informações necessárias. Voltarei ao tema mais tarde, porque a partir de amanhã vocês estarão fazendo muito mais perguntas do que costumavam fazer.

— Enquanto estiverem *coletando* todas essas informações, farão isso de modo que seja possível estabelecer uma enorme conexão com o comprador potencial, algo absolutamente crucial. Crucial porque as perguntas serão cada vez mais invasivas à medida em que vocês avançam.

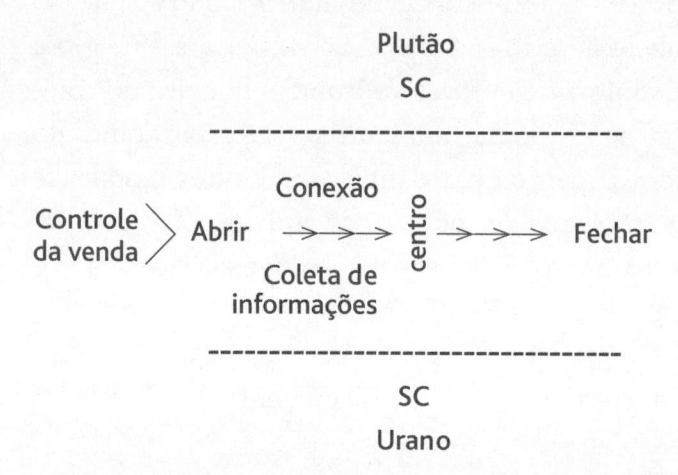

```
                        Plutão
                         SC
        ----------------------------------------
                     Conexão      o
Controle  \               →→→    ↓    →→→  Fechar
da venda  /  Abrir               centro
                    Coleta de
                   informações
        ----------------------------------------
                          SC
                        Urano
```

"Depois de perguntar sobre o pedido pela primeira vez, o que acontece mais ou menos a essa altura, quando ainda está perto do início — disse, apontando para um ponto na linha mais ou menos a um terço do caminho na direção do fechamento e o marco desenhando um grande e grosso ponto preto —, começa a segunda metade da venda, quando você ouve a primeira objeção. Evidentemente, toda essa primeira metade e a segunda são apenas figuras de linguagem — disse, dando de ombros.

"Quero dizer, eu posso ensinar um *macaco* a ler um roteiro e perguntar pelo pedido, mas não achem que realizaram alguma coisa impressionante porque passaram da primeira metade da venda; é na segunda metade que começa a venda de verdade! Quando, finalmente, você tem a oportunidade de arregaçar as mangas e começar a trabalhar — quer dizer chegar ao fundo do que está detendo seu comprador potencial, que não é a objeção que ele fez; não passa de uma cortina de fumaça para a incerteza!

"E a objeção pode ser qualquer uma dessas aqui. — Agarrei a beirada superior do quadro branco e o virei, revelando as catorze objeções comuns.

"Eles querem pensar nisso, ligar de volta para você, conversar com a esposa, fazer uma pesquisa, ou acreditar que estão em um momento ruim do ano; não importa o que façam. No final, as objeções são basicamente a mesma coisa: cortina de fumaça para a incerteza! Em outras palavras, o comprador potencial ainda não está suficientemente certo para dizer sim, o que significa que você precisa continuar a vender.

Fiz uma pequena pausa e virei o quadro novamente, exibindo meu desenho da Linha Reta.

"Isto é o que está acontecendo — repeti. — Toda palavra, toda frase, toda pergunta que você faz, todo tom que você usa, tudo deve ter um objetivo final, que é aumentar o grau de certeza do comprador potencial *o máximo possível*, de modo que no momento em que você chegar ao fechamento ele esteja se sentindo tão inacreditavelmente certo que quase *tem* de dizer sim. Esse é o seu objetivo.

"Pensem nisso como uma comunicação orientada para o objetivo — continuei, cuspindo a frase literalmente no mesmo instante em que ela surgiu na minha cabeça. — Toda palavra que sai da boca está alimentando uma única meta, a de aumentar o grau de certeza do comprador potencial o máximo possível à medida que você avança pela linha reta na direção do fechamento. Vejam aqui, deixem-me desenhar para vocês no quadro.

"Imaginem um *continuum de certeza* entre um e dez — eu disse, confiante. Quando comecei a me voltar novamente para o quadro branco, vi a mão de um dos Strattonitas se erguendo. Era Colton Green.

Colton Green era um irlandês de 18 anos, com uma cabeça grande, um jeitão de bebedor e um QI pouco acima do nível de um idiota. Um idiota entre idiotas! Mas ainda assim um idiota adorável.

Eu dei um sorriso falso.

— Green?

— O que é um *continuum*? — ele perguntou.

O restante dos Strattonitas riu da estupidez de Colton, o que era bastante irônico, pensei, considerando que a maioria deles também era de idiotas. Mas, no final, os habituais bloqueios ao sucesso, como idiotice e estupidez, estavam prestes a se tornar totalmente irrelevantes dentro das quatro paredes do salão da Stratton.

Ao longo das horas seguintes, eu literalmente *inventei* o Sistema Linha Reta enquanto o ensinava aos Strattonitas. O sistema brotou de mim sem esforço, com cada descoberta abrindo caminho para mais outra descoberta. Era quase como se eu estivesse canalizando a informação desde algum outro lugar, um lugar de conhecimento infinito e sabedoria infinita, um lugar onde as respostas a todas as minhas perguntas, não importando quão complexas fossem, estavam prontas e à espera, aguardando para ser colhidas. Então peguei tudo o que consegui, com prazer.

À meia-noite, eu tinha apresentado a estrutura de todo o sistema e criado a primeira sintaxe da Linha Reta. Consistindo de oito passos distintos, a sintaxe servia como um mapa simples para conduzir um comprador potencial pela linha reta. Ela mostrava aos Strattonitas o que fazer primeiro, o que fazer em segundo lugar, o que fazer em terceiro... até chegar ao oitavo e último passo, no qual o comprador potencial dizia sim e abria uma conta com você, ou se aferrava a qualquer que fosse a objeção que estivesse usando como cortina de fumaça, e você encerrava o telefonema de modo respeitoso e passava para o próximo comprador potencial.

Cerca de um mês depois, eu acrescentei dois passos, à medida que camadas mais profundas do sistema continuavam a brotar de mim; e então, muitos anos depois, aumentei o número para catorze, quando criei a versão 2.0 do Sistema Linha Reta e comecei a ensiná-lo ao redor do mundo. Mas, de modo impressionante, o *cerne* da sintaxe permanece quase idêntico ao que brotou de mim na primeira noite de terça-feira, o que faz todo sentido quando você considera o que aconteceu na manhã seguinte quando os Strattonitas pegaram os telefones armados com o Sistema Linha Reta pela primeira vez. Eu não teria acreditado se não tivesse visto com meus próprios olhos.

Desde o instante em que eles começaram a telefonar, o escritório inteiro entrou em um surto de abertura de proporções bíblicas que fez com que em noventa dias cada um deles tivesse se tornado um gerador de 1 milhão de dólares.

Foi apenas o começo.

À medida que a notícia de nosso sucesso começou a se espalhar, corretores passaram a bater na minha porta sem se anunciar.

No final de 1989, havia mais de 200 Strattonitas trabalhando em um salão enorme na nova sede empresarial da Stratton em Lake Success, Long Island.

Duas vezes por dia, todos os dias, eu me colocava em pé diante de um exército em rápida expansão de Strattonitas obscenamente jovens e martelava neles uma combinação de treinamento de habilidades Linha Reta e motivação diária. Ao fortalecer radicalmente sua disposição e suas habilidades, consegui persuadir cada novo Strattonita a deixar para trás os insultos do passado e largar na entrada sua *bagagem emocional*; a aceitar o fato de que no instante em que eles pisavam no salão, tudo do passado desaparecia.

Dia após dia, eu dizia a eles que o passado não era igual ao futuro, a não ser que escolhessem viver nele. Dizia que caso abraçassem plenamente o Sistema Linha Reta, pegassem o telefone e dissessem as palavras que eu lhes ensinara, poderiam se tornar tão poderosos quanto o CEO americano mais poderoso.

E dizia a eles para *agir como se*.

Eu dizia:

— Aja como se fosse um homem de posses, já rico, e ficará rico. Aja como se tivesse uma confiança incomparável, e se tornará confiante. Aja como se tivesse todas as respostas, e as respostas chegarão a você!

Dizia a eles para agir como se o sucesso fosse inevitável, que era hora de aceitar o fato de que tinham dentro deles uma *grandeza*, a qual sempre estivera lá, ansiosa para se revelar, mas que ficara enterrada sob inúmeras camadas de insultos e bobagens que a sociedade tinha jogado sobre eles, em um esforço de contê-los e fazer com que aceitassem uma vida de mediocridade e medianidade.

E enquanto todas essas ideias ainda estavam frescas na mente deles, eu fazia a transição, me concentrava na enorme importância do aprendizado de habilidades, sendo brutalmente honesto com eles. Eu dizia:

— Talvez algumas das coisas que as pessoas disseram sobre vocês *fossem* realmente verdade. Talvez seus pais, seus professores, seu ex-patrão e sua ex-namorada – talvez todos estivessem *certos* sobre vocês. Talvez vocês não sejam tão especiais assim?

"Talvez tenham nascido apenas *medianos*; não tão inteligentes, não muito educados, não altamente motivados; e vocês dormiram no ensino fundamental, colaram para passar no ensino médio e não chegaram à universidade. Talvez tenham tido o *desejo* de conseguir grandeza, mas não foram capazes disso. Vocês careciam de habilidades necessárias para cair no mundo e foder com os outros!

"Mas vamos ser honestos, quantos de vocês se sentem assim às vezes? Não sempre, mas *às vezes*, quando estão deitados à noite, sozinhos com seus pensamentos, e os medos e a negatividade brotam e começam a sussurrar em seu ouvido, comendo a sua autoconfiança e o amor próprio? Ergam a mão caso se sintam assim às vezes.

Como um relógio, todas as mãos no salão se erguiam.

"Exatamente — eu continuava. — A maioria das pessoas se sente assim, e têm todo *direito*... porque *não* são especiais. Elas *não têm* nenhuma habilidade, nenhum talento ou capacidade que as destaque de todas as outras; não têm superioridade, nenhuma *vantagem* que possam usar para se destacar do rebanho, nada que possam usar para enriquecer.

"Odeio dizer, mas inclui basicamente todos vocês neste salão — eu dizia, acrescentando a frase final. — Ou pelo menos costumava ser assim.

"Não sei se vocês estão se dando conta, então deixem-me ser bastante claro: vocês *não* são as mesmas pessoas que entraram neste salão no primeiro dia. Vocês não são nem de perto as mesmas pessoas! O Sistema Linha Reta *mudou vocês*!

Ele os tornou seres humanos infinitamente mais eficientes do que já tinham sido em toda a vida — porque agora vocês têm uma habilidade que os destaca de basicamente todo mundo no planeta: vocês têm a habilidade de fechar o negócio, influenciar e persuadir no nível mais alto possível, ao ponto em que conseguem fechar negócios com qualquer um.

"E como vocês *não* tinham essa habilidade *antes*, qualquer coisa negativa que tenha acontecido no passado não tem absolutamente nenhuma relação com o futuro. Vocês entendem o que quero dizer? Entendem o *poder* que há nisso? Vocês se dão conta de que cada um se tornou uma força da natureza? Alguém que consegue ter qualquer visão do futuro e então seguir em frente e conquistar tal proeza. O simples fato é que a capacidade de fechar o negócio é a mais importante distinção, no que diz respeito a conquistar riqueza e sucesso, e vocês literalmente contam com essa habilidade no mais alto nível. E se acham que eu estou inventando essa merda ou mesmo *exagerando*, perguntem a qualquer pessoa rica e ela lhe dirá, *imediatamente*, que sem a capacidade de fechar o negócio é *realmente* difícil ganhar dinheiro, e assim que você *tem* essa capacidade, tudo se torna fácil.

"É por isso que posso apontar para qualquer pessoa que está aqui há alguns meses, e ela lhe contará impressionantes histórias de sucesso que ninguém fora deste salão conseguiria acreditar, porque o sucesso é tão extremo que eles nem sequer conseguem abraçá-lo... — E continuava dia após dia, uma vez de manhã, antes da abertura do mercado, e depois novamente à tarde, depois do fechamento. Eu continuava marretando os Strattonitas duas vezes ao dia com uma combinação de treinamento de habilidades e motivação; e a cada dia as histórias de sucesso se tornavam mais loucas.

No final do primeiro ano, os maiores fechadores estavam ganhando mais de 250 mil dólares por mês, e o sucesso parecia ser quase *contagioso*. Mesmo a paridade subira para 100 mil por mês, e a taxa de atrito era basicamente zero. Se você conseguisse entrar no salão, tinha o sucesso quase *garantido*. Você só precisava dar uma olhada rápida ao redor, em qualquer direção, e havia um enorme sucesso por toda parte.

Para um novato, era mais do que suficiente para eliminar quaisquer dúvidas sobre o poder e a eficácia do Sistema Linha Reta. Após alguns meses ensinando, eu concebera uma fórmula de currículo de treinamento tão fácil de seguir que era virtualmente à prova de idiotas.

Cinco elementos centrais do Sistema Linha Reta

No cerne do sistema há cinco elementos centrais. Até hoje, eles são exatamente os mesmos que eram no dia em que os criei e servem como estrutura do sistema inteiro.

Como você já deve ter imaginado, eu já abordei os três primeiros elementos, especificamente os fundamentais Três Dez:

1. O comprador potencial precisa adorar seu produto.
2. O comprador potencial precisa confiar e ter uma conexão com você.
3. O comprador potencial precisa confiar e ter uma ligação com sua empresa.

À medida que você conduz seu comprador potencial pela linha reta, tudo que diz deve ser concebido para *aumentar* o grau de certeza de seu comprador em pelo menos um dos elementos – o objetivo *final* é levar todos os *três* até o mais perto possível de um 10, momento em que você perguntará pelo pedido e, esperamos, fechará o negócio.

Contudo, você precisa se lembrar de que esse não é o tipo de processo que acontece de uma só vez. Na *imensa* maioria dos casos, você terá de perguntar pelo pedido pelo menos duas ou três vezes antes de ter qualquer chance de o comprador potencial dizer sim.

Quando você concluir o principal de sua apresentação de vendas, chegará a um ponto na Linha Reta em que vai perguntar pelo pedido pela primeira vez e esperar uma resposta – e então começa a segunda metade da venda, deflagrada quando o comprador potencial responde com a primeira objeção. Ou, inversamente, esse é o ponto na venda em que você descobre se tem nas mãos uma moleza, e nesse caso o comprador simplesmente diz sim, e você pode fechar negócio sem precisar lidar com qualquer objeção.

Mas, como eu disse antes, essas vendas fáceis são poucas, e muito distantes umas das outras. Na maior parte do tempo, os compradores potenciais lhe farão pelo menos uma ou duas objeções, embora *normalmente* sejam mais de três ou quatro.

PARA AVANÇAR, O COMPRADOR POTENCIAL PRECISA DE UM ALTO GRAU DE CERTEZA

Como essas objeções são cortinas de fumaça para a incerteza, o vendedor precisa estar preparado para responder a elas de modo que satisfaça o comprador potencial e também para fazer uma nova apresentação que comece no ponto em que a apresentação inicial foi interrompida – o objetivo é aumentar ainda mais o grau de certeza do comprador potencial nos Três Dez, e o objetivo maior é levá-lo o mais perto possível de um "10, 10, 10" lógica e emocionalmente, dando ao vendedor a maior chance possível de fechar negócio. A técnica Linha Reta que usamos para conseguir tal feito é chamada de *reiteração*.

Reiteração é uma estratégia simples, mas bastante eficaz, de lidar com objeções e que permite ao vendedor usar cada objeção apresentada como uma oportunidade de aumentar ainda mais o grau de certeza de um comprador sem romper a conexão, e então chegar suavemente a um fechamento.

Em muitos sentidos, a arte da reiteração é o "molho secreto" do Sistema Linha Reta (ou pelo menos da segunda metade dele), já que permite ao vendedor aumentar o grau de certeza do comprador potencial em pequenas doses, e não de uma só vez.

Cada objeção cria uma oportunidade de reiterar; e cada reiteração resulta em uma elevação do grau de certeza do comprador potencial. À medida que cada reiteração é completada, o comprador se vê mais à frente na linha, e mais perto do fechamento.

Embora reiterar seja um processo muito simples, há uma situação específica que continua a se apresentar, e a não ser que o vendedor esteja preparado para ela, isso tende a deixá-lo frustrado.

Na maioria dos casos, essa situação mostra sua cara feia depois de você ter passado por duas ou três reiterações e elevado o grau de certeza do comprador potencial a um ponto em que ele está tão *absolutamente* certo que você consegue ouvir em seu tom de voz e nas palavras ditas por ele.

Resumindo, o comprador potencial deixou claro a você por suas palavras, seu tom e, caso você esteja lá pessoalmente, por sua linguagem corporal, que está certo de todos os Três Dez, mas, por alguma razão inexplicável, ainda não está comprando.

Há uma razão bastante lógica para isso, e tem a ver com uma força invisível que domina todo encontro de vendas – determinando até que ponto da linha o vendedor tem de levar cada comprador potencial antes que ele finalmente diga sim; ou, dito de outro modo, até qual grau de certeza coletiva qualquer comprador potencial isolado precisa chegar antes de dizer sim?

No fim das contas, nem todos os compradores potenciais são criados iguais. Há alguns para os quais é muito difícil vender; para outros é muito fácil; e há aqueles que ficam bem no meio, não sendo difícil nem fácil. Quando você vai abaixo da superfície, fica claro que o que separa esses compradores potenciais é a soma das crenças individuais que eles têm no que diz respeito a comprar, tomar decisões em geral e confiar em outras pessoas, especialmente naquelas que estão querendo lhes vender coisas.

A soma de todas essas crenças e de todas as experiências que contribuíram para a formação delas criam um limiar de certeza definido que o comprador potencial precisa cruzar antes de se sentir suficientemente confortável para comprar.

Chamamos esse grau de certeza de o *limiar de ação* de uma pessoa, e ele corresponde ao quarto elemento central do Sistema Linha Reta. Como definição, nós nos referimos às pessoas às quais é muito fácil vender como tendo um *limiar de ação baixo*, e nos referimos às pessoas às quais é muito difícil vender como tendo um *limiar de ação alto*.

É tudo muito bonito e elegante, mas o que torna esse conceito crucial para o sucesso de um vendedor é uma descoberta impressionante que eu fiz, e provou ser a estratégia central para permitir a pessoas com pouca habilidade de vendas vender no mesmo nível de um vendedor nato: o limiar de ação de um comprador potencial é *maleável*, e não imutável.

Em termos práticos, as implicações são assombrosas. Afinal, se você pode reduzir o limiar de ação de uma pessoa, pode transformar alguns dos compradores mais difíceis em compradores fáceis – algo que fazemos com grande efeito nos estágios finais da venda e que cria a possibilidade de ser capaz de fechar negócios com qualquer um disposto a isso.

Contudo, quando você está em campo, vai encontrar alguns clientes bem difíceis. Estou falando de compradores potenciais que não comprarão de você, mesmo depois de você ter elevado seu grau de certeza ao máximo, e depois reduzido seu limiar de ação e perguntado novamente sobre o pedido.

Para esses extremamente difíceis de convencer, chegamos ao quinto elemento central do Sistema Linha Reta: o *limiar de desconforto*.

Ele é o mais poderoso de todos os motivadores, fazendo o ser humano se afastar rapidamente do que quer que acredite ser a fonte de seu desconforto e ir na direção do que acredita que irá eliminá-lo. Ele cria urgência, o que o torna o veículo perfeito para fazer as vendas mais difíceis.

É crucial que você use o tempo para descobrir qual é o desconforto de seu comprador potencial e de onde ele vem. Assim que conseguir essa informação, poderei apresentar meu produto como uma solução para o desconforto, e usar as palavras para pintar um quadro dele no futuro – mostrando como meu comprador irá se sentir muito melhor por usar o meu produto, que eliminou todo o seu desconforto e o fez sentir prazer novamente.

Ao guardar esse poderoso motivador humano para o fim, isso nos dá a capacidade desse empurrão final – pegando um comprador potencial que precisa de nosso produto, quer nosso produto, pode se beneficiar de nosso produto –, criando apenas desconforto suficiente para empurrá-lo para além de seu limiar de ação e levá-lo a comprar.

Então, você tem:

OS CINCO ELEMENTOS CENTRAIS DO SISTEMA LINHA RETA

1. O comprador potencial precisa adorar seu produto.
2. O comprador potencial precisa confiar e ter uma conexão com você.
3. O comprador potencial precisa confiar e ter uma ligação com sua empresa.
4. Baixar o limiar de ação.
5. Elevar o limiar de desconforto.

Cada um desses elementos centrais serve a seu próprio objetivo único enquanto abre caminho para tudo que vem depois.

Minha metáfora preferida para explicar esse processo é a de um arrombador de cofres fazendo o seu trabalho, como no filme *Uma saída de mestre*. Caso você não tenha visto, é assim:

Donald Sutherland interpreta um daqueles arrombadores de cofres antiquados que cola o ouvido junto ao dial e escuta cada estalo. Após ouvir o primeiro, ele gira o dial na

INVENTANDO A LINHA RETA

direção oposta e espera o seguinte, e depois outro, e depois mais um. Finalmente, quando consegue um estalo para cada número da combinação, ele testa a maçaneta para abrir o cofre e – *voilà!* – ele identificou corretamente cada número e o cofre será aberto.

Por assim dizer, é basicamente o que você faz quando conduz um comprador potencial pela Linha Reta. Fundamentalmente, você está decifrando o código de sua combinação de compra, e está fazendo da mesma forma todas as vezes.

E eis o que sabemos sobre o "cofre" do cérebro humano no que diz respeito a tomar uma decisão de compra: há apenas cinco números na combinação, simples assim!

O primeiro número é o grau de certeza do comprador potencial sobre seu *produto*; o segundo número é seu grau de certeza sobre *você*; o terceiro, seu grau de certeza sobre a sua *empresa*; o quarto número diz respeito ao seu limiar de ação, e o quinto número se relaciona com seu limiar de desconforto.

É apenas isso: cinco números básicos a descobrir.

E em termos de como giramos o dial... As páginas seguintes deste livro tratam do assunto. Até acho justo dizer que este livro é basicamente um manual universal de arrombador de cofres para a mente humana.

Ele revelará todas as combinações de compra?

Não, nem todas; e isso é algo bom.

Afinal, não é possível fechar negócios com todos, pelo menos não em *todas* as oportunidades, e às vezes é o caso de que, por questões éticas, um comprador potencial não deveria comprar. Porém, o que o Sistema Linha Reta pode fazer, assim que você se torna razoavelmente bom com ele, é levá-lo a um ponto em que possa fechar negócios com qualquer um disposto a tal experiência.

Se alguém não quiser comprar de você, você saberá que não foi por ter feito algo errado. Não sairá de uma tentativa de venda dizendo a si mesmo: "Uma pena que JB não estivesse aqui, ele teria conseguido vender!".

Por mais poderoso que seja o Sistema Linha Reta, ele desmorona na ausência de um elemento crucial: você precisa assumir imediatamente o controle da venda.

Sem controle, é como se você fosse um pugilista amador subindo ao ringue com Mike Tyson. Em segundos, estaria totalmente na defensiva, se protegendo dos golpes poderosos de Tyson, até que um acerte e você seja nocauteado.

Do ponto de vista de Tyson, ao assumir o controle do encontro, desde que o gongo tocou, ele venceu a luta por nocaute antes mesmo que ela começasse – do mesmo modo como fez na luta anterior, naquela antes dessa, e assim por diante.

Quer dizer, ao assumir o controle de cada luta, ele foi capaz de tornar toda luta igual. De forma lenta, mas segura, ele manobrou seu oponente até um *corner*, cortando todas as possíveis rotas de fuga; então o amaciou com golpes no corpo e esperou que ele baixasse as mãos, quando então – *bam!* – acertou o direto perfeito para o nocaute que estivera planejando o tempo todo.

Na primeira sintaxe da Linha Reta, e em cada sintaxe que se seguiu, assumir imediatamente o controle da venda era o primeiro passo do sistema, e sempre será.

Como fazer isso se revelou simples, embora com um complicador: você tem apenas quatro segundos para fazer tal coisa.

Caso contrário, você estará enrascado.

3
Os primeiros quatro segundos

Para o bem ou para o mal, temos de aceitar o fato de que somos criaturas baseadas no medo. Estamos constantemente avaliando nosso ambiente e tomando decisões rápidas com base em como percebemos o medo. Será seguro? Há algum perigo próximo? Precisamos tomar cuidado extra com algo?

Esse tipo de decisão rápida remonta até nossos dias de homens das cavernas e está ligado ao nosso cérebro reptiliano. Quando víamos algo, naquela época, tínhamos de avaliar instantaneamente e decidir ficar ou correr. Só depois de termos certeza de estar seguros, começávamos a debater se fazia ou não sentido permanecer ali em busca de alguma possível vantagem.

Esse instinto de tomada de decisão rápida permanece conosco até hoje. Os riscos são muito menores, claro, porque não enfrentamos situações de vida ou morte todos os dias, mas o processo ocorre igualmente rápido. Acontece em menos de quatro segundos pelo telefone e em apenas um quarto de segundo quando estamos ao vivo. É com essa rapidez que nosso cérebro reage.

Pense: leva apenas um quarto de segundo para um comprador potencial tomar uma decisão sobre você quando o encontra pessoalmente. Sabemos disso porque cientistas realizaram experiências nas quais conectam pessoas a um tipo de máquina de ressonância magnética que revela como o cérebro funciona quando está processando informações. Eis o que acontece quando cientistas mostram ao paciente uma foto de alguém: primeiro o córtex visual acende quase instantaneamente, e então, um quarto de segundo depois, o lobo pré-frontal é iluminado, na região onde fica o centro de avaliação do cérebro, e uma decisão é tomada. Isso acontece muito rapidamente.

Durante um telefonema para um comprador potencial, você tem um pouco mais de tempo: quatro segundos para causar uma impressão.

Mas, ainda que você esteja pessoalmente, são necessários quatro segundos para que um julgamento final seja feito. A diferença é que quando você está pessoalmente o processo começa antes – no instante em que o comprador potencial coloca os olhos em você. De qualquer modo, seja pessoalmente ou pelo telefone, há três coisas que você *precisa* determinar nesses quatro primeiros segundos de um encontro, caso queira ser visto do modo certo:

1. Afiado como uma tachinha.
2. Entusiasmado ao extremo.
3. Especialista em sua área.

Essas três coisas *precisam* acontecer nos primeiros quatro segundos de uma conversa, do contrário você terá uma grande batalha morro acima.

Se você estragar os primeiros quatro segundos, ainda terá outros dez segundos, no máximo, para tentar conseguir alguma coisa. Depois, estará acabado. É basicamente uma causa perdida. Você não consegue influenciar ninguém.

A essa altura, você pode se perguntar: "O que acontece se eu não julgar um livro pela capa? O que você me diz, Jordan?".

Bem, meus pais acreditavam muito nesse ditado, assim como meus professores da escola.

Mas quer saber?

Eles faziam isso, assim como *eu*; e assim como *você*. Todos nós julgamos os livros pela capa. É algo que está basicamente impregnado em nosso cérebro; e não é apenas americano, é australiano, chinês, brasileiro, italiano – é humano. Isso existe em todo o mundo e supera todas as fronteiras culturais.

Em suma, você tem quatro segundos até que alguém o faça em pedaços, o classifique, julgue cada pedaço e depois o remonte com base em como você é visto. E se essas três coisas anteriormente mencionadas – ser afiado como uma tachinha, entusiasmado ao extremo e especialista em sua área – não estiverem incutidas na cabeça de seu comprador potencial, você não terá nenhuma chance de fechar negócio com ele.

Por que é assim?

Pense por um segundo: você quer fazer negócios, de fato, com um novato? Quando vai comprar um carro, ações ou um computador, quem você quer que o guie no processo, um novato ou um especialista? Um especialista, claro!

Fomos condicionados desde pequenos a buscar especialistas para nos ajudar a solucionar nossos problemas e eliminar nossa dor ou nosso desconforto. Quando ficávamos doentes, nossos pais nos levavam a uma pessoa muito especial chamada médico, que vestia um jaleco branco e tinha um estetoscópio pendurado no pescoço; inicialmente, ficávamos assombrados quando nossos pais se submetiam a essa pessoa – até que eles nos contaram o motivo. Essa pessoa, explicaram, passara por muitos anos de aprendizado, durante os quais aprendera tudo sobre fazer uma pessoa doente se sentir melhor. Até mesmo aprendera como se vestir, como agir e como falar de modo a que as pessoas tivessem confiança nela à primeira vista, motivo pelo qual você começou a se sentir melhor simplesmente por estar em sua presença. Essa pessoa ganhara o direito de ser chamada de médico porque era um especialista em sua área.

Mas, claro, esse foi apenas o começo de nosso condicionamento. À medida que envelhecemos, o desfile de especialistas continuou.

Se estávamos com dificuldades na escola, nossos pais podiam contratar um professor particular; se queríamos dominar um determinado esporte, contratavam um treinador. E quando chegamos à idade adulta, continuamos no ponto em que nossos pais pararam, e até hoje seguimos buscando especialistas e ensinando nossos filhos a fazer o mesmo.

Pense por um momento.

Quem você acha que Scarlett Johansson quer fazendo seu penteado para o dia do Oscar? Ela vai procurar um garoto cheio de espinhas que saiu da escola de beleza ou o melhor cabeleireiro do mundo, que tem feito celebridades parecerem fabulosas nos últimos vinte anos?

E a quem você acha que Jordan Spieth ou Jason Day irão recorrer se estiverem em má fase: a um golfista do campo municipal ou a um profissional de fama mundial que escreveu livros sobre golfe e trabalhou com outros profissionais famosos por pelo menos vinte anos?

O fato é que *todos* queremos lidar com profissionais e especialistas, e também com pessoas afiadas e objetivas, entusiasmadas com o que fazem. Especialistas têm um determinado modo de falar que produz respeito. Eles dizem coisas como "Escute, Bill, você precisa confiar em mim. Eu faço isso há quinze anos e sei exatamente do que você precisa".

Novatos, por outro lado, tendem a falar em termos muito menos determinados, e sua compreensão mais limitada das nuances de seu produto e de seu setor específico é mais evidente à medida que conduzem o comprador potencial pela Linha Reta, entram na fase de reiteração e são forçados a "improvisar" – chegam ao fim do roteiro escrito e se veem obrigados a inventar coisas naquele momento, como um esforço para levar o grau de certeza de seu comprador potencial além do limiar de ação e, obviamente, para que compre.

O importante, aqui, é saber que: o modo como você é percebido acontece durante toda a venda, mas começa nos primeiros quatro segundos. Se você não se sair bem nesse pequenino espaço de tempo e criar uma primeira impressão negativa, não terá qualquer chance de fechar o negócio.

A primeira vez em que eu disse tal coisa foi há quase trinta anos, naquela mesma noite de terça-feira em que inventei o Sistema Linha Reta. Naquela noite, eu disse aos Strattonitas que eles tinham quatro segundos para criar essa primeira, e fundamental, impressão.

No fim das contas, eu estava errado.

Em 2013, um professor da Universidade Harvard publicou um estudo sobre a importância das primeiras impressões.

O estudo descobriu que não eram quatro segundos até que um comprador potencial fizesse a avaliação inicial, eram cinco segundos. Então, eu tenho de me desculpar por estar errado por um segundo.

Deixando de lado as desculpas, o estudo também revelou que se você criar uma primeira impressão negativa, são necessárias oito impressões positivas subsequentes para apagar aquela primeira impressão. Francamente, em todos os meus anos em vendas, e com todos os produtos que já vendi, não consigo pensar em um setor no qual, caso eu tivesse me saído mal no primeiro encontro, eu contasse com oito chances posteriores de me redimir. Isso não acontece.

Portanto, é obrigatório estabelecer aqueles três elementos cruciais nos primeiros quatro segundos de conversa, sempre. Do contrário, você não conseguirá se sair bem.

Primeiro, você é afiado como uma tachinha. Se eles não acharem que você é afiado como uma tachinha, estará perdendo o tempo deles. Você precisa convencê-los de que está concentrado, que é um solucionador de problemas nato e que merece ser escutado porque pode ajudá-los a atingir suas metas. Você tem de soar e agir como alguém capaz de ajudar o comprador potencial a satisfazer suas necessidades e desejos. Você pode conseguir tal feito demonstrando rapidez e agilidade mental, tomada de decisões rápidas e ritmo de fala que impressione imediatamente o comprador potencial e crie confiança.

Contudo, para conseguir sucesso duradouro, você precisa se tornar um "especialista em sua área", de modo que saiba sobre o que está falando. Você não pode simplesmente falar, tem de fazer. Então, enquanto você está ocupado "agindo como se", também está trabalhando em velocidade máxima para aprender tudo que há sobre seu setor e os produtos que está vendendo, para se tornar um especialista.

Segundo, você é um entusiasmado ao extremo. Isso transmite uma mensagem subliminar ao seu comprador potencial, dizendo a ele que você tem algo grande a oferecer. Você precisa soar animado, entusiasmado e cheio de energia, e ter uma influência positiva na vida dele. Uma das coisas que eu tive de aprender de modo difícil foi que só porque você consegue vender alguma coisa a alguém não significa que deva.

Hoje, eu acredito em vendas como uma profissão honrada e só atuo em situações de vendas em que tenha uma crença inabalável e apaixonada no valor do produto ou do serviço que estou oferecendo aos compradores potenciais. Preciso acreditar de verdade nesse valor antes de vender um produto e serviço, e então o descrevo apaixonadamente. Também preciso ter uma crença sólida na empresa e no produto que represento. É isso que me permite agir com entusiasmo em qualquer situação de vendas.

Terceiro, você é um especialista em sua área, uma figura de autoridade e uma força a ser enfrentada. Desde que começam a caminhar, as pessoas são ensinadas a respeitar e escutar figuras de autoridade. Em situações de vendas, eu convenço o possível comprador de que sou um profissional competente e megainformado desde o começo, me revelando um especialista de primeira categoria em minha área. Isso me permite ganhar o respeito do comprador potencial e também fazer com que ele me confira autoridade e me entregue o controle da venda.

Para demonstrar essa autoridade, traduzo características do serviço ou produto em benefícios e valor para o comprador potencial, ao mesmo tempo em que utilizo jargão técnico do setor, que eu investi tempo simplificando – e permito que o possível comprador compreenda com facilidade o que parece ser uma declaração muito complexa. Também agrego valor oferecendo uma perspectiva única durante a conversa de venda, demonstrando amplo conhecimento e compreensão do mercado, do setor, do produto, do comprador potencial e da concorrência.

Lembre-se, o maior equívoco entre novos vendedores é que eles acham que precisam esperar algum tempo até que possam se apresentar como especialistas. É besteira! Você precisa "agir como se" desde o início, enquanto aprende o mais rápido possível para fechar a lacuna de conhecimento.

Mostre a eles que você merece ser ouvido

Quando você estabelece imediatamente esses três elementos, eles se transformam em um fato simples na mente do possível comprador, ou seja, *que você é uma pessoa que merece ser ouvida*. Faz sentido, portanto, se ocupar por um período do dia com aperfeiçoamento, porque alguém tão afiado quanto você, tão entusiasmado quanto você, e que atingiu seu grau de conhecimento, irá:

1. Chegar ao ponto rapidamente.
2. Usar bem, sem desperdício, o tempo do comprador potencial.
3. Ter uma solução para seu problema.
4. Ter um recurso em longo prazo.

Assim que o possível comprador chegar a essa conclusão positiva sobre você, o cérebro irá extrapolar seu valor para uma conclusão lógica, que é:
Você pode ajudá-lo a atingir suas metas.
Você pode ajudá-lo a ter o que quer na vida.
Pode ser uma necessidade fundamental que ele está buscando atender; pode ser um desejo ou interesse simples; ter controle de algum aspecto da vida; ou, em nível mais alto, aliviar uma dor, um desconforto, que ele está sentindo ou tendo.

E como o cérebro humano é tão naturalmente adepto a isso, leva menos de quatro breves segundos para o comprador potencial fazê-lo em pedaços, analisar cada pedaço e depois remontá-lo com base em como você é percebido.

Se você é percebido do modo *certo* – sendo afiado como uma tachinha, entusiasmado ao extremo e especialista em sua área –, o comprador potencial lhe dará autoridade e deixará que controle a venda.

Se você for percebido do modo *errado* – tedioso como uma máquina de lavar, desinteressado e novato ignorante –, acontecerá o oposto, e o possível comprador assumirá o controle. É nada menos que uma situação de tudo ou nada.

Uma coisa que eu quero deixar absolutamente clara é que não estou defendendo que você se torne um desses falastrões, do tipo que fala sem parar enquanto o comprador potencial fica sentado e ouve.

Embora esse tipo de pensamento possa surgir em sua mente, quando digo "assumir o controle da venda", garanto que não é disso que se trata. Pense por um segundo: você não detesta estar ao lado de um vendedor que fala sem parar e não permite que você fale?
Esse tipo de comportamento faz eu querer sair correndo!

O Sistema Linha Reta é sobre se tornar um especialista em *escutar* e um especialista em falar.

Contudo, para se tornar um especialista em escutar, você precisa primeiramente aprender a assumir o controle imediato da venda. Não há outro modo.

A pergunta de 1 milhão de dólares é: *"Como?"*.

4
Tom e linguagem corporal

Como você convence os compradores potenciais de que é afiado como uma tachinha, entusiasmado ao extremo e especialista em sua área nos primeiros quatro segundos de uma conversa?

Vamos dar um passo além:

Como, atualmente, uma parcela substancial da comunicação acontece pelo telefone, de que modo você garante que está sendo notado da maneira certa quando seus compradores potenciais nem sequer o veem?

É por intermédio das palavras que você diz?

Pense por um momento. O que você poderia dizer para tentar transmitir tudo isso nos primeiros quatro segundos? Você teria de gritar com o possível comprador: "Ei, Bill, me escute! Eu sou afiado como uma tachinha! Sou entusiasmado ao extremo! Sou especialista em minha área! Eu juro, eu juro, eu juro..." e blá-blá-blá. Você soaria como um maldito idiota!

Para não mencionar que mesmo que isso fosse verdade, ainda assim ninguém acreditaria em você.

O fato é que não existem palavras certas. Não há combinação de palavras que sejam suficientemente profundas e suficientemente sorrateiras para se esgueirar pelo centro de lógica da mente do comprador potencial e criar uma reação emocional que vá direto ao seu instinto; pois é lá, no instinto do comprador potencial, que as primeiras impressões são formadas em frações de segundo, e elas guiarão as decisões dele até que você prove que estão erradas.

Então, se suas palavras não farão isso, ao que você apela?

A resposta é simples: ao *tom de voz*.

Especificamente, como você diz o que diz tem um efeito profundo no modo como é percebido e, portanto, em como você é percebido, e não apenas durante aqueles quatro segundos fundamentais, mas durante toda a conversa.

Após milhões de anos de evolução, o ouvido humano se especializou em reconhecer mudanças de tom que mesmo a menor delas pode ter um grande efeito no significado de uma palavra ou frase. Quando eu era garoto e fazia alguma coisa errada, minha mãe dizia "Jordan!", em uma voz dura e direta. Sem que ela precisasse dizer mais nada, eu imediatamente sabia que estava em apuros. Inversamente, se ela dizia "Jor-dan!", em um tom cantado, eu imediatamente sabia que as coisas estavam bem.

Se um encontro de vendas acontece pessoalmente, uma segunda modalidade de comunicação entra em ação, operando em conjunto com o tom para nos ajudar a transmitir a mensagem.

Chamamos essa segunda modalidade de *linguagem corporal*.

Ao funcionar como eixos duplos de uma estratégia de comunicação imensamente poderosa, conhecida como *comunicação inconsciente*, tom e linguagem corporal desempenham um grande papel em como transmitimos nossa mensagem – enquanto falamos e enquanto escutamos.

Essencialmente, seu tom de voz, o modo como move seu corpo, suas expressões faciais, o tipo de sorriso que oferece, o modo como estabelece contato visual e todos aqueles pequenos grunhidos e resmungos amigáveis enquanto você escuta alguém falar – *ooh*, *aah*, *arrá* e *é* – são parte integrante da comunicação humana e têm um enorme impacto em como você é percebido.

Em termos de porcentagens, tom e linguagem corporal correspondem a aproximadamente 90% de toda a nossa comunicação, divididas igualmente, com cada modalidade tendo aproximadamente 45% de impacto, dependendo de qual estudo você lê (e há mais deles do que você consegue contar). Os 10% restantes de comunicação são compostos de nossas *palavras* – as palavras que efetivamente dizemos ao nos comunicar verbalmente.

Apenas 10%.

Eu sei o que você está pensando neste momento:

Está pensando que 10% soam um número baixo demais para representar a importância das palavras, especialmente em uma situação em que alguém está tentando lhe vender alguma coisa. Se você pensasse em um momento em que era o alvo de uma venda, estou certo de que se lembraria de prestar atenção em cada palavra do vendedor, avaliando cada uma com base em seu significado. Era como se sua mente lógica estivesse quase hipervigilante enquanto decidia qual grau de certeza lógica era mais adequado com base na proposta lógica que o vendedor criara com suas palavras.

COMUNICAÇÃO HUMANA
Tom – 45% +
Linguagem corporal – 45% =
90%
Palavras – 10%

Então, eu entendo como pode ser difícil de aceitar o conceito de que nossas palavras não são tão importantes assim.

Mas eis a ironia:

Você interpretou errado o significado das minhas palavras.

A despeito de corresponder a apenas 10% de nossa comunicação, as palavras não são apenas importantes, elas são o elemento mais importante de nossa estratégia de comunicação, porém – e esse é um porém muito grande – só quando finalmente abrimos a boca para falar. Quer dizer que em 90% do tempo estamos nos comunicando sem realmente falar!

Ainda assim, quando eu entro em meu salão ou observo uma força de vendas em campo, com exceção de um ou dois vendedores abençoados com o tom perfeito e a linguagem corporal impecável, o restante deles estará deixando isso passar. Consequentemente, demonstram estar distantes do grau de competência que levaria um comprador potencial a ceder o controle da venda e permitir ser *guiado*.

E, *exatamente assim*, em um processo de sabotagem pessoal *não intencional*, a venda foi envenenada desde o começo, fazendo com que seja apenas uma questão de tempo até que ela saia do controle.

Mas o que é ainda mais irônico é o fato de que de todas as táticas e estratégias que compõem o Sistema Linha Reta, tom e linguagem corporal são algumas das mais facilmente dominadas.

No total, dos 29 tons que um ser humano usa para se comunicar, apenas dez deles são tons de influência central – aqueles que usamos repetidamente para influenciar e persuadir. Da mesma forma, o Sistema Linha Reta conseguiu consolidar o número infinito de gestos, posturas e expressões faciais que compõem nossa linguagem corporal em dez princípios centrais.

Para aqueles de vocês que estão neste momento dizendo a si mesmos: "*Arrá*, eu *sabia* que tinha de existir um truque! Jordan fez tudo soar tão fácil, e então descubro que tenho de aprender vinte coisas diferentes? Como se espera que eu faça *isso*? Eu não sou mais criança; sou um adulto! E um adulto não consegue aprender dez novos tons e dez novos princípios de linguagem corporal! É absolutamente ridículo!".

Espero que este seja apenas um *leve* exagero do que você está pensando agora, mas, seja como for, se você está se sentindo *minimamente* assim, eu tenho duas reflexões muito importantes que gostaria de partilhar.

Primeiro, e digo de modo gentil, paternal:

Chega de frescura! Chegou a hora de mudar de vida e começar a viver aquela que você merece. Você é capaz de se tornar competente em qualquer coisa a que se dedique. Só precisa de uma estratégia passo a passo, fácil de aprender, que aponte o caminho, e o Sistema Linha Reta é exatamente isso.

Uma das verdadeiras belezas do Linha Reta é que mesmo depois de só um pouco de treinamento, quando ainda está em um nível *muito* baixo de competência, você terá resultados surpreendentemente bons.

O quão bom vai depender de uma série de variáveis – o setor no qual você opera, a duração do seu ciclo de vendas, quanto tempo você dedica a aprender o sistema e, claro, seu grau de habilidade inicial –, mas a maioria dos vendedores consegue um salto de vendas de pelo menos 50% em curto prazo – e você conseguirá o dobro disso se for um total novato em um setor com um ciclo de vendas muito curto e muitos vendedores de milhões de dólares.

No jargão do Linha Reta, chamamos tal coisa de "Fator Suficientemente Bom" – você conseguirá resultados muito bons mesmo quando estiver apenas começando e só tiver atingido um grau de competência razoável.

Em segundo lugar, independentemente do que você estava pensando sobre ter de aprender todas essas "novas" distinções, a realidade é que você não tem de aprender nada. Afinal, por mais implausível que possa parecer, você já sabe tudo que precisa saber.

Você já conhece todos os dez tons e todos os dez princípios de linguagem corporal e os usou *inúmeras* vezes ao longo da vida. A única diferença é que no passado você os usava automaticamente ou inconscientemente, sem sequer pensar a respeito.

Houve inúmeras oportunidades em sua vida em que cada um desses tons saiu de você naturalmente, como reação ao que estava sentindo no momento, e o mesmo é válido no que diz respeito à sua linguagem corporal.

Deixe-me dar um exemplo:

Você já teve na vida um momento em que estava se sentindo tão absolutamente certo de algo que o tom de certeza simplesmente saiu de você? Era como se você pudesse sentir a certeza emanando de cada palavra, e qualquer um que estivesse escutando não teria nenhuma dúvida de que você acreditava 100% no que dizia.

Claro que teve!

Todos tivemos.

E quanto a contar um segredo? Quantas vezes em sua vida você baixou a voz para pouco acima de um sussurro para contar um segredo a alguém?

De novo, todos nós fizemos isso mil vezes, porque sabemos intuitivamente que um sussurro provoca as pessoas e as atrai, fazendo com que nos escutem mais atentamente.

Em uma situação de vendas, quando você usar um sussurro de forma precisa e no momento certo durante uma apresentação, ficará chocado com o impacto que isso terá em seu comprador potencial, especialmente se elevar a voz novamente logo depois.

O segredo, aqui, é a *modulação*.

Você quer baixar a voz, e depois quer erguê-la; quer acelerar, depois desacelerar; quer fazer uma declaração, depois transformá-la em uma pergunta; quer agrupar determinadas palavras, depois dizer outras em batidas ritmadas.

Vamos retornar ao sussurro, mas adicionando algum vigor. Nós temos o que é chamado de *sussurro de poder*, que vem de suas entranhas. (Dê umas batidinhas no seu plexo solar com a palma da mão direita. É a esse ponto que estou me referindo quando falo de suas entranhas.) Um sorriso a partir daí cria a impressão de que aquilo que você diz tem importância adicional, que você realmente fala sério.

É como se você estivesse dizendo ao seu comprador potencial: "Escute, parceiro, este ponto é realmente importante, e é algo em que eu de fato acredito, então você precisa prestar bastante atenção".

Mas é claro que você não está realmente dizendo essas palavras. Elas estão sendo registradas inconscientemente pelo comprador potencial, na forma de instinto, que o afeta em um nível emocional, em oposição ao nível lógico. Entende o que quero dizer?

Outro grande exemplo é como usamos o entusiasmo para criar uma enorme certeza emocional em nosso possível comprador – no sentido de que ele tenha a sensação esmagadora de que qualquer que seja nosso produto à venda, simplesmente *tem* de ser bom.

Mas é importante deixar claro que *não* estou me referindo àquele tipo maluco de entusiasmo exagerado no qual você grita e agita os braços enquanto fala sem parar sobre como o seu produto é impressionante. Isso é completamente ridículo e a forma mais fácil de levar seu cliente a correr na direção da saída.

Estou falando de algo chamado *entusiasmo engarrafado*, que fica logo abaixo da superfície e borbulha para cima enquanto você fala. Diz respeito a enunciar as palavras com absoluta clareza, marcar as consoantes de modo que as palavras tenham intensidade. É como se você estivesse falando com os punhos cerrados e houvesse um vulcão ativo dentro de você pronto para entrar em erupção a qualquer instante – mas, claro, isso não acontece, pois você é um especialista e está no controle absoluto.

Esse tipo de entusiasmo engarrafado causa enorme impacto emocional em alguém, e é uma das características de soar como um especialista. Apenas se lembre de não sustentar nenhum tom por tempo demais, ou o comprador potencial ficará entediado – ou, em termos científicos, insensível – e acabará desligado.

Com esse objetivo, estou sempre usando meu tom e minha linguagem corporal para evitar que isso aconteça. O desligamento não ocorre aleatoriamente, é baseado em uma equação consciente que o comprador potencial faz sobre se você é ou não uma pessoa que merece ser escutada. Compradores potenciais se perguntam: essa pessoa é capaz de me ajudar a atingir meus objetivos? Essa pessoa é capaz de me dar o que quero na vida? Essa pessoa é capaz de eliminar a dor, ou o incômodo, que sinto?

Se a resposta a essas perguntas for não, eles desligam; se a resposta for sim, eles escutam. Simples assim.

Por isso é tão crucial, desde a linha de partida, se revelar afiado como uma tachinha, entusiasmado ao extremo e especialista em sua área. Se conseguir, não apenas manterá o comprador potencial escutando suas palavras, como ele também deixará você assumir o controle da venda e iniciar o processo de conduzi-lo pela Linha Reta.

Como começar a usar essa tática no mundo real? Você descobrirá que com apenas um pouco de prática estará empregando o tom e a linguagem corporal certos inconscientemente – automaticamente – sempre que se ver em uma situação de influência. Até então, você precisa ficar mais vigilante sobre empregar *conscientemente* o tom e a linguagem corporal certos em cada palavra e a cada mudança de frase. Isso garantirá que o comprador potencial permaneça firme em sua zona magnética e não desligue.

C

Conexão em nível consciente e inconsciente

Antes de avançarmos para o capítulo seguinte, eu quero repassar algumas nuances fundamentais na relação entre a mente consciente e a mente inconsciente – como elas funcionam juntas para determinar as decisões do comprador potencial, especialmente durante aqueles segundos de abertura cruciais, quando a capacidade de superar a mente consciente dele e falar diretamente à mente inconsciente determinará se você terá sucesso ou fracassará em assumir o controle da venda. E depois novamente o final da venda, quando sua capacidade de falar às duas mentes ao mesmo tempo lhe permitirá superar o limiar de ação mesmo dos compradores potenciais mais reticentes e atingir o nível mais alto de competência em Linha Reta. Isso quer dizer que você conseguirá fechar negócio com qualquer um que for possível.

Então, deixe-me começar desmontando um dos maiores mitos sobre a relação entre as duas mentes: a mente *consciente* é a mais poderosa das duas.

Nada poderia ser mais distante da verdade.

Cerca de 200 milhões de vezes mais poderosa que sua equivalente consciente, a mente inconsciente, com sua enorme velocidade e capacidade de armazenamento quase infinita, é o que o mantém vivo enquanto você circula pelo mundo. Funcionando 24 horas por dia, ela controla seu sistema nervoso autônomo – regula batimentos cardíacos, pressão sanguínea, respiração, digestão, liberação de hormônios e todos os outros sistemas em seu corpo que parecem zumbir facilmente sem que você tenha de pensar neles.

Genericamente falando, o objetivo primário da mente inconsciente é manter as coisas iguais, ou, em termos científicos, manter um estado de homeostasia. O peso, a temperatura corporal, o nível de açúcar no sangue, o volume de oxigênio no sangue, o volume de luz que atinge as retinas, cada uma dessas coisas, e inúmeras outras, estão sendo constantemente ajustadas para manter um ponto determinado que um milhão de anos de evolução determinou ser ótimo.

Inversamente, a mente consciente está *sedenta* por capacidade de processamento para tentar compreender as coisas enquanto você circula pelo mundo. Por consequência, o tempo todo ela só consegue se concentrar em 3% ou 4% do ambiente circundante e deleta o restante – permitindo concentrar 100% da capacidade de processamento relativamente reduzida em alguns poucos elementos fundamentais que considera mais importantes. Coletivamente, esses elementos fundamentais representam discernimento consciente e você os analisa por intermédio de lógica e razão.

Neste exato instante, 95% de sua mente consciente estão dedicados à concentração primária, que é ler as palavras que eu escrevi e escutar o seu monólogo interior enquanto debate o que acabou de ler. O restante está dedicado à concentração secundária, que consiste de um punhado de coisas que acontecem perto de você para que sejam captadas por cada um dos cinco sentidos, e são exageradas demais ou intermitentes demais para que a mente consciente fique insensível a elas e as bloqueie – uma TV aos berros ao fundo, um odor desagradável, as batidas em uma obra próxima, alguém roncando, sua própria respiração caso esteja com o nariz congestionado.

Enquanto isso, os 96% ou 97% do mundo que a mente consciente está deletando são captados inteiramente pela mente inconsciente. Como você vê, ela é responsável por regular todas as suas funções corporais e funciona também como um depósito central de todas as suas lembranças.

Tudo o que você viu ou ouviu foi ordeiramente arquivado ali, não importando quão insignificante possa ter parecido no momento, ou se você se lembra ou não. Sua mente inconsciente registrou a experiência, comparou e contrastou com experiências passadas similares, depois usou os resultados para refinar e ampliar seu "mapa do mundo" interno, como se diz, que serve como barômetro interno para formular decisões rápidas, avaliações instantâneas e primeiras impressões, o modelo interno de como você compreende seu ambiente, como acredita que ele deveria funcionar e como você deveria funcionar dentro dele, quais tipos de comportamentos estão em sua zona de conforto e quais estão fora dela.

Para ajudá-lo a percorrer o mapa – e para garantir que suas decisões rápidas, avaliações instantâneas e primeiras impressões sejam coerentes com as crenças em seu mapa –, sua mente inconsciente cria "padrões de comportamento", permitindo que você reaja instantaneamente a situações que anteriormente mapeou de modo fluido e elegante, coerente com suas crenças sobre si e o mundo, e que não demandam reflexão consciente.

Esse processo triplo de generalização, mapeamento e criação de padrões é o que lhe permite circular por um ambiente desconhecido sem precisar tratar tudo que vê como se fosse pela primeira vez.

Quando você vai até uma porta desconhecida, por exemplo, não precisa parar e estudar cada uma de suas características e imaginar se é seguro girar aquela pequena protuberância redonda que se projeta de um dos lados. Apesar de nunca ter visto aquela porta, sua mente inconsciente já passou por essa situação inúmeras vezes, e entra em ação no instante em que a porta entra em seu campo de visão – funciona quase à velocidade da luz para ligar essa porta específica ao ponto em seu mapa marcado como "Portas" e as várias estratégias para entrar e sair por elas em segurança, em situações de não combate e quando não há uma construção em andamento.

É evidente que estou cometendo algumas licenças poéticas, mas a intenção é clara: em vez de precisar parar a cada nova porta, a cada nova rachadura na calçada ou diante de inúmeros outros acontecimentos, de modo que sua mente consciente possa entender a lógica, a sua mente inconsciente entra em ação imediatamente e poupa sua mente consciente do problema.

Do ponto de vista de sua mente consciente, essas avaliações rápidas e decisões instantâneas têm por base os instintos, e ela agirá de acordo com eles até que se provem equivocados.

Isso acontece com frequência em vendas, e quando acontece é quase sempre fruto de algo tolo ou deslocado que o vendedor disse. Embora a primeira impressão que o comprador potencial tem de você seja resultado de sua comunicação inconsciente, ela pode ser totalmente destruída por algumas palavras erradas; e faz todo sentido, considerando que palavras são elementos para a construção de casos lógicos impermeáveis, que servem de base para nossas decisões conscientes.

Contudo, no que diz respeito a casos emocionais impermeáveis, nós confiamos muito mais na comunicação inconsciente, na forma de tons e linguagem corporal, do que nas palavras que os outros dizem.

Quando o encontro de venda se dá pelo telefone, usamos nossos dez tons centrais para conduzir o comprador potencial emocionalmente, enquanto as palavras às quais estão ligados conduzirão o comprador potencial logicamente. Quando o encontro é pessoal, também usamos linguagem corporal para conduzir nosso comprador potencial emocionalmente, enquanto nossas palavras continuam a conduzi-lo logicamente.

No fim das contas, seja pessoalmente ou pelo telefone, as estratégias que você emprega e os resultados que deseja serão sempre os mesmos: você usará palavras para influenciar a mente consciente de seu comprador potencial, e tons e linguagem corporal para influenciar sua mente inconsciente. O resultado do primeiro será um caso lógico impermeável, e o resultado do segundo será um caso emocional impermeável. Você só precisa saber quais palavras dizer e quando dizê-las, e qual comunicação inconsciente aplicar e quando. Simples e objetivo assim.

Quais palavras irá usar para concluir essa tarefa, você deve se perguntar. Eu as darei em uma bandeja de prata no capítulo 11, como um roteiro à prova de falhas, que pode ser aplicado a qualquer empresa ou setor com enorme sucesso.

Contudo, por mais à prova de falhas que seja essa fórmula, o sucesso ainda dependerá de sua capacidade de deflagrar um estado emocional determinante em si mesmo antes de iniciar o encontro de venda, e depois sustentar esse estado até o final.

Nós nos referimos a esse processo como *administração de estado*, e ele é um dos elementos mais importantes para ter sucesso.

No próximo capítulo, eu o levarei em um passeio por minhas lembranças – de volta aos primeiros dias da Stratton, para lhe mostrar o poder da administração de estado no que diz respeito a vendas, depois lhe darei uma estratégia para administrar seu próprio estado, que é altamente eficaz e também extremamente fácil de usar.

5
Administração de estado

Antes que as coisas na Stratton saíssem de controle, o salão era um lugar bem impressionante. Era uma sociedade igualitária no sentido mais puro da expressão, uma meritocracia na qual você era julgado exclusivamente pelo seu desempenho, não pelo peso de seu diploma ou por seus laços de família. Assim que você entrava no salão, não importava mais quem era, de onde vinha, ou quais erros tinha cometido no passado. Tudo podia ser deixado para trás.

O Sistema Linha Reta servia como o Grande Equalizador, permitindo que homens ou mulheres com menos poder se reinventassem e começassem uma nova vida.

Para dar uma ideia de como o Sistema Linha Reta teve um enorme impacto nesses garotos, eu estaria exagerando *um pouco* se dissesse que mais da metade deles batia na minha porta com uma capacidade limítrofe de andar e mascar chiclete ao mesmo tempo. Sessenta dias depois, eu via o mesmo garoto e – *bum!* – ele estava completamente transformado.

Não importava quantas vezes eu tivesse testemunhado, essa transformação radical nunca passou despercebida. Tudo, de como eles caminhavam, conversavam e se vestiam, até como apertavam a sua mão e faziam contato visual. Você sentia a confiança transbordando deles.

Para aqueles que estão neste momento dizendo a si mesmos: "Não entendo o que há de extraordinário nisso. Quero dizer, se você me pagasse 50 mil dólares por mês quando eu estivesse na casa dos 20 anos, eu teria mudado tudo que você quisesse em mim. Teria andado diferente, falado diferente, vestido diferente, e até lavado atrás das orelhas se fosse necessário! *Quero dizer, quem não faria tal coisa, não é mesmo?*".

Se você está pensando em algo parecido, não posso dizer que seja realmente culpa sua. Afinal, seu argumento é inteligente e bem concebido, e revela uma boa compreensão da natureza humana. Infelizmente, não muda o fato de que você está totalmente equivocado.

O programa de treinamento da Stratton durava seis meses, e durante esse tempo eu testemunhei a transformação dos garotos, e nenhum deles havia começado a ganhar dinheiro. Eles ainda eram estagiários e isso queria dizer que ainda estavam quebrados, falidos!

O que causara essa transformação?

No cerne da transformação havia uma poderosa técnica de visualização que eu ensinara aos Strattonitas, chamada *caminhar pelo futuro*.

Resumindo, caminhar pelo futuro significa projetar na cabeça um filme imaginário no qual você se vê no futuro já tendo alcançado um determinado resultado. A consequência é que você experimenta os sentimentos positivos associados a uma realização futura agora mesmo, em oposição a ter de esperar alguns anos, quando tiver conseguido de fato.

Durante minhas reuniões de vendas diárias, eu fazia questão de lembrar aos estagiários a importância de caminhar pelo futuro de seu próprio sucesso, e fazia com que eles projetassem o filme positivo ali mesmo em suas cadeiras, permitindo que se vissem já ricos e vivendo a vida. E, claro, da mesma forma que eu dissera aos primeiros doze Strattonitas para "agir como se", continuava a repetir essa mensagem para o salão o tempo todo.

Eu dizia:

— Aja como se fosse um homem de posses, já rico, e ficará rico. Aja como se tivesse uma confiança incomparável, e se tornará confiante. Aja como se tivesse todas as respostas, e as respostas chegarão a você.

Eu dizia a eles que deviam pensar como pessoas ricas e também se comportar desse modo porque isso leva ao estado mental certo.

Como já foi dito, o termo técnico é *administração de estado*.

Quando você administra seu estado emocional, temporariamente bloqueia quaisquer pensamentos e emoções perturbadoras que poderiam deixá-lo com sentimentos negativos – desse modo, permitindo-se manter um estado mental positivo.

O que torna a administração de estado tão importante para atingir o sucesso é que seu estado emocional determina se você conseguirá ou não ter acesso aos seus recursos internos naquele momento para alcançar seu objetivo.

Quando você está em um estado *com poder* – como "certeza", por exemplo –, é capaz de ter acesso aos seus recursos internos, o que o coloca no rumo de um enorme sucesso. Inversamente, quando está em um estado *sem poder*, é impedido de acessar seus recursos internos, e se coloca no rumo de um enorme fracasso.

É muito similar ao modo como uma válvula funciona.

Um estado *de poder* é o equivalente à válvula dos seus recursos internos estar inteiramente aberta, lhe permitindo acessá-los à vontade, enquanto um estado *sem poder* é o equivalente à válvula fechada, o *impedindo* de ter acesso aos seus recursos, por mais que você precise deles. Vou dar um exemplo:

Imagine que você tem algumas das *melhores* habilidades de venda do mundo. É um especialista em todos os aspectos do Sistema Linha Reta – desde assumir imediatamente o controle da venda até aplicar padrões de reiteração de primeira categoria e fechar o negócio.

Mas digamos que você passe pela porta de seu comprador potencial em um estado de absoluta *incerteza*, quão bom vendedor você pode ser nesse momento?

Não muito bom, certo?

Nesse instante específico, você está impedido de acessar seus recursos internos – no caso, suas habilidades de venda –, de modo que não importa quão bom vendedor você poderia ser, simplesmente é incapaz de acessar essa grandeza.

O mesmo vale para sua vida pessoal.

Digamos que você é pai.

Evidentemente, você morre de amor pelos seus filhos e se orgulha de ser um pai incrível. Leu até mesmo alguns livros sobre criação de filhos, para conseguir a estratégia e o conhecimento, então sabe o que está fazendo. Mas digamos que você volte para casa depois de um dia de trabalho realmente duro e passe pela porta em um estado de raiva e impaciência – dois estados muito empobrecedores –, quão bom pai você pode ser naquele momento?

Mais uma vez, não muito bom.

A raiva e a impaciência o impediram de ter acesso aos seus recursos de pai. A despeito do fato de que você ainda ama seus filhos tanto quanto antes, e a despeito do fato de que ainda tem todas aquelas ótimas habilidades para ser um pai incrível, naquele momento específico você está impedido de acessá-los.

Eis o fundamental:

Como vendedor – ou como qualquer pessoa voltada para o sucesso –, você precisa aprender como deflagrar os principais estados de poder; do contrário, estará no rumo de uma vida de desconforto. Não há como evitar.

Contudo, quero esclarecer que *não* estou dizendo que você precisa, ou mesmo que deva querer, viver em estado de poder o tempo todo. É completamente insano!

Simplesmente pense nisso por um segundo:

De que você chama alguém que passa o dia inteiro com o peito estufado em um estado de absoluta certeza?

Você o chama de babaca, certo? Nós odiamos essas pessoas!

E você não quer ser uma delas!

Não quero me deter nesse ponto, mas esse é um problema muito maior do que você imagina no mundo do desenvolvimento pessoal, especialmente com pessoas que vão a seminários e se concentram unicamente em habilidades de jogo interior. O problema é que quando você ensina essas habilidades sem o contexto de uma aplicação no mundo real, os ouvintes quase invariavelmente recebem a mensagem errada.

A distinção fundamental é que assim que você aprende a técnica de deflagrar um estado de poder (em um momento eu lhe ensinarei a mais poderosa de todas), você só quer empregá-la em determinados momentos, quando são mais importantes, como antes de iniciar um encontro de venda, fechar um negócio, iniciar uma negociação ou mesmo antes de uma decisão séria que precisa tomar em sua vida pessoal.

Nesse último caso, você quer garantir que estará em um estado de poder, porque os seres humanos, como espécie, tomam suas piores decisões pessoais quando estão em um estado sem poder (e suas melhores decisões quando estão em um estado de poder).

Em termos de conseguir sucesso em vendas, há quatro estados fundamentais que você precisa aprender a deflagrar à vontade na administração de estado. Nós os chamamos de quatro Cs:

Certeza, clareza, confiança e coragem

Esses são seus quatro estados determinantes para conseguir riqueza e sucesso. Se não aprender como deflagrá-los, estará jogando roleta-russa com o seu futuro – e esperando estar no estado certo ao iniciar um encontro de vendas, em oposição a saber que estará, por ter uma estratégia infalível para isso. O nome dessa estratégia é *âncora olfativa*.

Criei a âncora olfativa há quase uma década, em resposta à minha necessidade pessoal de deflagrar instantaneamente um estado de poder em circunstâncias que estavam se tornando cada vez mais bizarras.

Quando, em minha primeira turnê global de palestras, comecei a me ver em situações em que era crucial estar em um estado de poder, a despeito do fato de que o ambiente circundante com frequência trabalhava fortemente contra mim.

Eu era bombardeado constantemente para participar de entrevistas improvisadas para a TV, *talk shows*, programas de rádio, jornais, pedidos de patrocinadores e sessões de fotos. E tudo exigia que eu tivesse a melhor aparência, o melhor desempenho, e fosse o melhor o tempo todo. Não importava quão cansado, com *jet lag* ou esgotado eu me sentisse por estar em uma turnê de palestras de vários anos. Esperava-se que eu correspondesse, pura e simplesmente.

Naqueles dias, eu também tinha de subir ao palco e fazer um discurso de duas a dez horas para até 12 mil pessoas que haviam pagado uma bela quantia para me ver, de modo que assim que eu pisasse naquele palco precisava ir de zero a cem em segundos.

Essa era a realidade que eu estava enfrentando.

Na época, eu tinha apenas começado a usar uma técnica de administração de estado chamada *âncora de programação neurolinguística*, parte de um conjunto de técnicas e estratégias que compõem um corpo de conhecimento batizado de programação neurolinguística, ou PNL para simplificar.

Ao operar na periferia da psicologia dominante, a PNL tem como premissa básica que o cérebro humano opera de forma similar a um computador e, portanto, pode ser programado como tal para fazer mudanças quase instantâneas em certos padrões comportamentais fundamentais. O único problema é que antes de fazer qualquer mudança você precisa saber duas coisas importantes:

1. Como escrever um código para o cérebro humano.
2. Em qual tipo de programa embutir o código.

Sei que soa complicado, mas é exatamente o contrário. Deixe-me explicar e você entenderá exatamente o que eu quero dizer.

Segundo a PNL, o programa do cérebro é a linguagem, e o modo como você escreve o código é criando padrões de linguagem, que consiste em um grupo de palavras – breve como uma frase curta ou longo como alguns parágrafos – estruturadas segundo uma série de princípios linguísticos básicos, mas extremamente poderosos, usados para reprogramar o cérebro de virtualmente qualquer pessoa, incluindo o seu, de formas muito profundas.

Uma dessas formas é a base da âncora da PNL.

A premissa básica da âncora da PNL é que os seres humanos têm a capacidade de escolher como se sentem em determinado momento do tempo, em oposição a ser escolhido por eles pelo que está acontecendo no ambiente circundante ou na vida pessoal.

Em outras palavras, podemos ser proativos no que diz respeito a escolher nosso estado emocional, em oposição a *reativos*, que é o que a maioria dos seres humanos foi condicionada a crer ser a única opção.

A enorme maioria dos seres humanos acredita que o seu atual estado emocional é resultado de forças externas exercidas sobre eles. Se coisas positivas estão acontecendo, por exemplo, você acaba assumindo um estado emocional positivo; e se coisas *negativas* estão acontecendo, você acaba em um estado emocional *negativo*.

Obviamente, a natureza proativa da filosofia da PNL sobre os estados é atraente para qualquer um em vendas, e para qualquer um que queira ter uma vida de mais poder. A PNL destilou todo o processo de administração de estado em dois elementos centrais, ambos sob o controle consciente da pessoa. O primeiro desses elementos é:

Aquilo em que você escolhe se concentrar.

Em determinado momento, você tem a capacidade de escolher em que exatamente se concentrar, e com *base* nessa escolha você atinge um estado coerente com aquilo em que escolheu se concentrar.

Se você passar os próximos minutos se concentrando em tudo que é ótimo em sua vida – um recente sucesso de negócios, uma relação amorosa, a saúde de seus filhos, uma meta atingida há pouco, um passeio em família –, rapidamente mergulhará em um estado positivo de poder que reflete todas essas coisas maravilhosas.

Inversamente, se passar o mesmo tempo se concentrando em tudo que há de errado em sua vida – um recente fracasso nos negócios, um divórcio, um filho doente, uma meta que não conseguiu atingir –, rapidamente mergulhará em um estado sem poder que reflete todas essas coisas ruins. Simples assim.

O segundo desses dois elementos é:

Sua atual fisiologia.

Composta da soma de todas as formas pelas quais você pode mover e manter o corpo – postura, expressões faciais, movimento de seus braços e pernas, ritmo respiratório, grau geral de emoção –, a fisiologia dos seres humanos no que diz respeito a cada estado emocional é quase idêntica em todas as culturas.

O ser humano, como espécie, adota virtualmente a mesma fisiologia quando em estado emocional positivo e feliz. Dito de outro modo, pessoas que nasceram e cresceram em Papua-Nova Guiné não sorriem quando deprimidas nem franzem o cenho quando felizes mais do que os esquimós ou as pessoas criadas em Portugal.

Se eu apontasse, por exemplo, para uma porta e lhe dissesse: "Atrás daquela porta há uma mulher muito feliz! Em troca de um prêmio de 10 mil dólares, quero que você me diga qual nas seguintes duplas de características físicas melhor a descreve. Ela está sorrindo ou franzindo o cenho? Está empertigada ou ligeiramente encurvada? Os olhos estão bem abertos ou ligeiramente fechados?". (E, claro, as mesmas perguntas se aplicariam se fosse uma mulher deprimida.)

Fiz as duas versões dessas perguntas para plateias por todo o mundo – Estados Unidos, Reino Unido, África do Sul, China, Rússia, Cingapura, Malásia, México, Canadá, Islândia, Alemanha, e basicamente qualquer outro lugar em que você pense –, e não importava onde eu estivesse, a plateia sempre respondia a essas perguntas exatamente da mesma forma.

Nós sabemos qual a aparência de uma pessoa deprimida e sabemos qual a aparência de uma pessoa feliz; e sabemos também qual a aparência de uma pessoa com raiva e a de uma pessoa amorosa; a de uma pessoa impaciente e a de uma pessoa calma. É tudo bastante lógico.

Deixe-me fazer outra pergunta sobre administração de estado, embora de um ponto de vista ligeiramente diferente. Digamos que você esteja em um estado deprimido neste instante, e eu lhe oferecesse 50 mil dólares para agir alegremente pelos próximos sessenta segundos. Você conseguiria?

Sim, claro que conseguiria!

Seria simples como fazer conscientemente certas mudanças óbvias em sua fisiologia, algumas que você usou inúmeras vezes em sua vida desde que era uma criancinha.

Contudo, e se eu lhe oferecesse 100 mil dólares – não, melhor, 1 milhão de dólares – e pedisse para fazer as mesmas mudanças em sua fisiologia como da última vez, mas com uma importante diferença: desta vez preciso que você mantenha uma fisiologia feliz pelas dezoito horas seguintes. Você conseguiria?

De modo algum.

Não importa o quanto você se esforçasse, simplesmente não conseguiria.

É impossível.

Quero deixar claro que não tem nada a ver com você ser fraco ou forte, ou com qualquer coisa semelhante. Simplesmente é como os seres humanos são como espécie.

Embora seja verdade que podemos nos deixar sentir como quisermos em determinado momento, esse momento é passageiro – nos dando uma janela de oportunidade que varia entre cinco minutos e talvez no máximo uma hora. Depois, você lentamente retorna ao estado em que estava.

Se algo ainda lhe parecer estranho, eis um exercício rápido que esclarecerá as coisas. Pronto?

Quero que você pense em todas as vezes em sua vida em que alguém lhe pediu para administrar seu estado, e você fez isso, mas na época chamou de algo diferente.

Por exemplo:

Quantas vezes alguém lhe disse: "Mantenha o queixo erguido!", "Demonstre coragem!", "Fique atento!", "Fique frio!", "Sorria e seja educado!" ou "Não perca a paciência!"?

Entende o que quero dizer?

A realidade é que todos tentamos administrar nosso estado em vários momentos da vida, e às vezes tivemos sucesso, às vezes não. O objetivo da âncora é eliminar o "não".

Então, com isso, vamos ser específicos.

O primeiro salto lógico da PNL teve por base a ideia de que os seres humanos podiam administrar ativamente seu estado emocional com quase 100% de sucesso concentrando seu foco e sua fisiologia de uma forma específica.

O segundo salto foi combinar esse conceito com o clássico Condicionamento Pavloviano, como no cão de Pavlov.

Lembram-se do cão de Pavlov?

Em algum momento perto da virada do século passado, um pouco conhecido cientista russo chamado Ivan Pavlov conduziu uma experiência envolvendo um cão faminto (muito comum na época), um suculento pedaço de carne (quase impossível de achar na época) e um sino extremamente alto (bastante comum, alguém diria, embora ninguém saiba ao certo).

Seja como for, o experimento era simples: presentear o cão faminto com o pedaço de carne suculento, ao mesmo tempo em que toca o sino. Ele fez isso.

Previsivelmente, o cachorro começou a salivar assim que viu a carne, enquanto o som do sino para ele era só uma coincidência, pelo menos no início. Contudo, o que Pavlov logo percebeu foi que à medida que ele continuava repetindo o processo, não demorou muito para que o cão começasse a salivar simplesmente ao som do sino. A visão da carne não era mais necessária.

A razão para isso, Pavlov concluiu, era que sempre que ele repetia o experimento, o cérebro do cão estabelecia uma ligação mais forte entre o som do sino e a visão da carne, até que finalmente a ligação se tornou tão forte que o simples ato de tocar o sino era poderoso o suficiente para disparar a salivação.

Na PNL, o som do sino tocando é chamado de *âncora*, o ato de tocar o sino é chamado de *lançar uma âncora*, e o processo pelo qual dois itens formalmente não relacionados estabelecem uma ligação dessa forma é chamado de *fixar âncora*.

O estado mais comum para o qual vendedores tentam criar uma âncora é o estado de certeza absoluta, e a âncora mais comum que escolhem é uma combinação de gritar a palavra "sim", simultaneamente batendo palmas.

Se você estiver pensando que gritar a palavra "sim" enquanto bate palmas não parece tão intenso quanto tentar um cão faminto com um pedaço de carne suculento (enquanto toca um sino alto o suficiente para acordar os mortos), você deve estar na mesma situação em que eu estava: frustrado, cético, mas ainda com esperança de uma resposta.

Mas eu sabia que a ciência por trás da abordagem da PNL era boa, e que a recompensa por decifrar o código seria incalculável – nem tanto para mim, mas para as dezenas de milhões de pessoas que compareceriam aos meus encontros ao vivo nos anos seguintes.

Diferentemente da maioria das pessoas, eu fui abençoado com uma capacidade natural de administrar meu estado em um nível extremamente alto, de modo que a âncora era mais um luxo que uma necessidade.

Infelizmente, porém, para cada esquisito como eu, há 10 milhões de sujeitos "normais" cujas habilidades nessa área estão na extremidade oposta do espectro. Consequentemente, continuei a fazer experiências com diversas estratégias diferentes que pudessem ser combinadas com âncoras básicas da PNL de modo a aumentar a sua eficácia. Demorou pouco mais de um mês até que encontrasse ouro.

No verão de 2009, dei à luz uma técnica de administração de estado bastante eficaz que orgulhosamente batizei de *âncora olfativa*. Ela nasceu pesando pouco mais de 28 gramas e tinha menos de 5 centímetros de comprimento. Um pouco magra, mas ainda assim perfeitamente simétrica. Contudo, de todas as suas características definidoras, havia uma em particular que se destacava acima do resto: ela fedia!

6
Uma fórmula garantida para administrar seu estado

Só para registrar, eu considero minha descoberta da âncora olfativa uma daquelas situações felizes em que fui capaz de me manter nos ombros de um gênio.

O gênio ao qual me refiro é o doutor Richard Bandler, o brilhante e enigmático cientista, visionário, artista e hipnotizador extraordinário que inventou a PNL, em parceria com o professor de linguística John Grinder.

Concentrada em distinções do mundo interior como sistemas de crenças, hierarquias de valor e administração de estado, a PNL revolucionou o mundo do desenvolvimento pessoal no começo dos anos 1980 e teve um papel central no crescimento desse setor desde então.

O motivo pelo qual eu comecei a estudá-la foi um desejo de aprender duas estratégias específicas pelas quais a PNL era particularmente bem conhecida na época. A primeira estratégia era uma *regressão no tempo*, concebida para ajudar as pessoas a decifrar o código de suas crenças limitadoras e substituí-las por crenças fortalecedoras; a segunda estratégia era *ancoragem*, que, como discutido no capítulo anterior, era concebida para ajudar as pessoas a deflagrar um estado emocional máximo sempre que desejado.

No fim, embora eu tivesse conseguido um enorme sucesso em implementar a primeira, tive uma grave deficiência na segunda, como já explicado. Foi então que, no verão de 2009, comecei a testar diversas formas de aumentar a eficácia da ancoragem.

No começo de 2010 eu descobri ouro.

Retrospectivamente, ainda não estou certo por que demorei tanto a decifrar o código da ancoragem. Afinal, a diferença entre a ancoragem da PNL e a âncora olfativa são apenas duas estratégias que acrescentei e que lidam com os dois aspectos cruciais de ancoragem que Bandler considerava especialmente vulneráveis para ser mal executadas.

A *primeira* vulnerabilidade dizia respeito à intensidade com que você conseguia obter seu estado no momento em que introduzia a âncora. O segredo, Bandler explicou, é que você precisa estar no ponto máximo do estado, em termos de intensidade emocional que sente interiormente para fixar uma âncora com sucesso. Qualquer coisa abaixo disso e a âncora não será fixada.

E como isso se relaciona com a escala de certeza do capítulo 1? Você precisaria estar em um 10 absoluto e inequívoco, sem "se", "e" ou "mas"; só então, quando sentir a certeza borbulhando dentro de você, como um vulcão fervilhando, você pode introduzir uma âncora e realmente fixá-la.

Esse é o primeiro aspecto da ancoragem da PNL que tende a fazer as pessoas tropeçar; a dificuldade de tentar se colocar artificialmente em um estado de absoluta certeza, ou absoluta *qualquer coisa*, em oposição a ser assim organicamente.

A *segunda* vulnerabilidade tinha a ver com o tipo de âncora que você escolhe (o equivalente ao sino no experimento de Pavlov).

Como Bandler explicou, a âncora precisa atingir você imediatamente e também se destacar de forma dramática. Sons ou gestos comuns e cotidianos não conseguirão tal feito. Precisa ser *radical* – quanto mais radical, melhor – e quanto mais incomum, melhor. Você quer usar algo que atinja seu cérebro de forma inesquecível e que abale seus sentidos. É isso que uma boa âncora faz, e é fundamental que você tenha uma. Mas não perca seu tempo tentando descobrir uma. Há pouco mais de sete anos eu deparei com a maior âncora do mundo e irei dá-la a você em uma bandeja de prata neste capítulo.

A melhor forma de ensinar a âncora olfativa a você é – descobri ao longo dos anos – conduzi-lo, inicialmente, pela ancoragem da PNL. Ela lhe dá o contexto perfeito para dominar a âncora olfativa, tão fácil de administrar que você conseguirá fazer isso em um só dia – até uma criança de 7 anos conseguiria.

Há cinco passos básicos na ancoragem da PNL:

Primeiro passo: escolha um estado

Você estabelece uma intenção para o estado emocional que quer ancorar. Essa será uma decisão consciente, com base nas circunstâncias que você está prestes a enfrentar, não aquelas que enfrenta no momento. Em outras palavras, ancoragem é um processo de olhar para a frente, de ser proativo por natureza.

Para o propósito deste exercício, vamos escolher um estado de *absoluta certeza*, já que este é o estado no qual você *precisa* estar quando inicia qualquer encontro de venda.

Segundo passo: escolha sua concentração

Você fecha os olhos e retorna a um momento em que estava se sentindo absoluta e positivamente certo. Um exemplo perfeito disso seria logo após você ter acabado de fechar uma venda realmente difícil, como resultado de ser um profissional impressionante. Por alguma razão, você estava no auge naquele dia e, enquanto desfruta da atmosfera da venda, tem aquela sensação superconfiante de absoluta certeza de que sabe que pode conquistar o mundo e vender para qualquer um que compre.

Assim que você localizar essa lembrança, quero que crie na mente uma imagem clara dela. Quero que veja o quadro inteiro, para identificar todos que estavam lá, parecendo exatamente como pareciam, incluindo como estavam vestidos, de que jeito seus cabelos estavam penteados, e qual era a aparência da sala.

Criar um quadro interno como esse, no qual você se vê desde cima, envolve se colocar no chamado estado dissociado, um aspecto fundamental do estabelecimento de metas e da motivação pessoal – que permite que você se veja concluindo uma determinada meta ou tarefa, ou tendo uma visão ainda mais completa do futuro. Contudo, para os propósitos de estabelecer uma âncora, há uma forma ainda mais poderosa de usar essa imagem interior, que eu abordarei logo, no quarto passo.

Terceiro passo: escolha sua fisiologia

Você irá mudar sua fisiologia para corresponder perfeitamente à fisiologia do estado que está tentando ancorar. Por exemplo, você irá garantir que esteja em pé com certeza, sustentando a cabeça com certeza, caminhando com certeza, falando com certeza e respirando com certeza, para que *todos* os aspectos de seu corpo, incluindo os *menores* gestos e as expressões faciais, transmitam a emoção de absoluta certeza.

Caso acredite que vá ajudá-lo, você pode até mesmo pegar o quadro do segundo passo e colocá-lo em movimento, de modo que se veja um filme, e usá-lo como modelo enquanto adota a fisiologia da absoluta certeza.

Lembre-se, ser tímido ou sentir-se desconfortável com sua fisiologia não lhe será de serventia neste momento. Este é um daqueles casos em que *mais* é mais, não *menos* é mais, e vale também para sua concentração, como você está prestes a ver, no quarto passo.

Quarto passo: intensifique seu estado

Este passo envolve usar as cinco modalidades sensoriais – também conhecidas como cinco sentidos – no quadro que você criou em sua mente no segundo passo e usar o cérebro para manipulá-lo de modo que intensifique a sensação de absoluta certeza que ele cria dentro de você.

Primeiramente, deixe-me conduzi-lo pelas cinco modalidades sensoriais, que são:

Visual: é o que você vê, externamente, no mundo real, e internamente, em sua mente. No segundo caso, a imagem pode ser de uma lembrança, pode ser algo que você mesmo criou usando a sua imaginação, ou uma combinação dos dois.

Auditiva: é o que você ouve, externa e internamente, e com a mesma combinação vista anteriormente.
Cinética: é o que você sente, externa e internamente, e com a mesma combinação vista anteriormente.
Gustativa: é o gosto que você sente, externa e internamente, e com a mesma combinação vista anteriormente.
Olfativa: é o cheiro que você sente, externa e internamente, e com a mesma combinação vista anteriormente.

Em grande medida, tendemos a nos basear nas três primeiras modalidades para ter noção do mundo, com a modalidade visual sendo a dominante, seguida pelas modalidades auditiva e cinética, respectivamente. Mas, claro, quando você lida com o cérebro, nada é imutável. Se você é um chef, por exemplo, irá se basear na modalidade olfativa.

Como expliquei anteriormente, o modo de usar essas modalidades na ancoragem é alterando o quadro em sua mente de uma maneira que se torne emocionalmente mais poderoso para você.

Se você se concentrar na imagem em sua mente, neste momento, pode instruir seu cérebro a tornar a imagem maior, mais brilhante e mais nítida, e até mesmo trazê-la mais para perto de si. Fazer isso tende a amplificar qualquer que seja o sentimento que a imagem lhe provoca, que, neste caso específico, é um sentimento de absoluta certeza. Contudo, assim como na vida real, há um limite até onde a imagem pode levá-lo, motivo pelo qual os sentimentos que temos assistindo a um filme ou a um programa de televisão são muito mais intensos que os sentimentos que temos olhando para uma pilha de fotos ou folheando uma revista.

A evolução do cinema serve de metáfora perfeita para a relação entre o tamanho e a qualidade das imagens que vemos e as emoções que sentimos como resultado delas. O setor começou com filmes mudos em preto e branco, que foram substituídos por filmes falados em preto e branco, depois filmes coloridos, então substituídos por filmes feitos em Technicolor e estéreo, posteriormente trocados por produções filmadas em tela grande e Technicolor, com som estéreo e redução Dolby, chegando até os cinemas IMAX com 3D e som *surround* e assim por diante.

Note a evidente tendência na direção de tornar as coisas maiores, mais brilhantes, mais claras e mais realistas... até que chegam a um ponto em que a tendência começa a se inverter, com coisas como telas IMAX superaltas, 3D e poltronas móveis que utilizam sistema Sensurround que nunca funcionam, a despeito de oferecerem uma experiência mais "real".

É exatamente assim que usamos as cinco modalidades sensoriais para intensificar o estado de certeza – pegando a imagem que você criou na mente e a passando pelo mesmo processo evolucionário da indústria cinematográfica. Eu o conduzirei a partir de agora.

COLOQUE O CÉREBRO PARA TRABALHAR

Quero que você comece olhando a imagem parada que criou na mente e a coloque em movimento, para que possa se deslocar pela imagem e ser sua melhor versão, enquanto fecha esta enorme venda. Caso ajude, coloque uma moldura ao redor da imagem e imagine que é uma TV de tela plana.

Ao tornar uma imagem parada em uma imagem em movimento, você começa a se sentir mais conectado com a cena e seu estado de certeza passa a se intensificar – especialmente quando dermos o passo seguinte, o de adicionar um diálogo de sua lembrança. Faça agora: adicione um diálogo apropriado, da melhor forma que consiga lembrar, e dê a si mesmo aquele tom e aquela linguagem corporal perfeitos. Ou, se o diálogo de que se lembra não é adequado, você pode criar um novo – escolha palavras que o fortaleçam e ajudem a deflagrar o exato estado que deseja.

É hora de tornar seu filme maior, mais brilhante e mais claro, e aproximá-lo de você, até mesmo adicionando 3D ou alguma outra mudança – mas, lembre-se, cada mudança deve fazer o filme lhe parecer mais real e, portanto, aumentar seu grau de certeza. Então, caso chegue a um ponto de redução de resposta em qualquer de suas mudanças (quando é obrigado a se sentar na primeira fila de um cinema, ou aumenta demais o brilho da TV, ou o volume está alto demais), elimine lentamente a mudança até atingir o ponto perfeitamente exato em todos os aspectos do filme.

Enquanto você faz essas várias "edições" nesse filme interno, note como os sentimentos associados a essas lembranças continuam a se intensificar. E você pode intensificar esses sentimentos ainda mais imaginando que ocupam uma determinada parte de seu corpo, sobre o coração ou o plexo solar, por exemplo, e colocar a palma da mão sobre esse ponto notando como o sentimento tende a girar ou rolar em determinada direção. Permita que sua mão se mova com esse sentimento, até que se fundam em uma única entidade. Você pode usar a mão para girar o sentimento ainda mais rápido, e pode até mesmo dar a ele sua cor preferida, ou ter pequenas explosões de fogos de artifício a partir dele... Vamos fazer uma breve pausa.

Tenho uma pergunta para você.

Está pensando que eu perdi um pouco a cabeça? Quero dizer, sentimentos que giram e rolam, têm cores e disparam fogos de artifício? Impossível negar que soa um pouco excêntrico, não acha? Sou o primeiro a admitir isso! Mas você acha que eu desperdiçaria seu tempo e o meu fazendo tudo isso quando tenho muitas outras coisas sobre as quais escrever que simplesmente o Sistema Linha Reta, que eu inventei?

Todos esses pequenos ajustes que você fez, usando o poder de sua mente, irão intensificar seu estado ainda mais, o que é crucial, já que você só consegue estabelecer uma âncora quando está no pináculo de um estado. (Apenas esta estratégia não o levará a esse estágio, mas ela o prepara para a âncora olfativa muito bem.)

Quinto passo: estabeleça sua âncora

Momento em que você *estabelece sua âncora*. Significa pegar o estado intenso que acabou de criar e ligá-lo a uma palavra ou um mantra, a algum som externo ou alguma sensação aguda, como bater palmas e gritar a palavra "sim" – quando todo o processo passou a desmoronar para mim.

Começou com a minha luta para encontrar um som, uma palavra ou um movimento que parecesse suficientemente radical e único para servir como âncora, e que eu pudesse disparar em qualquer situação. Por alguma razão, nada parecia *certo*, nada parecia *profundo* – até que um dia pareceu.

Não lembro exatamente como tive a ideia de usar a sensação do olfato, embora tenha tido alguma relação com minhas lembranças de infância. Na idade adulta, nunca deixei de ficar impressionado com o mais leve sinal de algo que havia cheirado na infância – um gramado recém-cortado nas

Montanhas Catskill em um acampamento de verão, a maré baixa no cais aonde meu pai me levava para pescar ou o cheiro almiscarado e de naftalina da casa da minha avó. Cheiros suficientes para despertar em mim lembranças vívidas, a um ponto em que elas me assolavam visceralmente.

Assim que tive a ideia de usar o olfato para estabelecer uma âncora, não demorou muito para que encontrasse o produto perfeito. Havia duas exigências:

1. Precisava ser um cheiro suficientemente radical, incomum, poderoso e pungente para atender aos critérios de Bandler, mas ainda suficientemente agradável ao nariz para não me nausear ou se tornar uma âncora negativa.
2. Precisava ser fornecido de modo suficientemente discreto, portátil, prático e pessoal – que eu pudesse guardar no bolso com facilidade, retirá-lo sem chamar a atenção e usá-lo para disparar minha âncora sem que o cheiro vazasse para o ambiente e atingisse as pessoas ao meu redor.

O nome do produto que encontrei era BoomBoom.[1] Ele vinha em um tubo preto fino, do tamanho de um batom, que eu só precisava destampar, inalar pelas narinas separadamente e mergulhar em meu estado ideal.

Foi uma descoberta impressionante, embora a revolução que isso permitiu tenha sido ainda mais impressionante e transformou a âncora olfativa na estratégia infalível de administração de estado que é hoje.

---

1. Saiba mais sobre BoomBoom em www.boomboomenergy.com.

Então, qual foi essa segunda revolução?

Simplificando, eu descobrira uma forma *ridiculamente* simples de eliminar os passos dois, três e quatro do processo de ancoragem da PNL, deixando um processo mais ágil, prático e amigável em duas etapas que oficialmente apelidei de *âncora olfativa* – por causa da peça central olfativa que ele tem como base, especificamente o BoomBoom.

***

Para explicar como fiz isso, vamos recuar um passo: depois de me tornar mestre na prática da PNL, passei os seis meses seguintes tentando estabelecer uma âncora para um estado de *certeza*. Mas não importava quantas vezes eu tentasse, quando chegava ao quarto passo – usar as cinco modalidades para intensificar a minha concentração –, as coisas desmoronavam.

Os problemas começaram com a lembrança em que escolhera me concentrar. Pensei: em qual momento estive mais absolutamente certo do que naquela terça-feira mágica em que escrevi a Linha Reta em meu belo quadro branco? Estou falando do momento que descrevi detalhadamente no capítulo 2, quando a minha janela de clareza se abriu. Não consegui pensar em outro momento em que me sentira mais absolutamente certo de algo.

Para meu próprio choque, quando tentei estabelecer uma âncora, não deu certo. Nenhuma âncora foi estabelecida. Então tentei de novo, de novo e de novo.

Nada. Nenhum resultado.

Então tentei me concentrar em lembranças diferentes – lembranças mais antigas, lembranças mais recentes, lembranças em que eu estava vendendo, lembranças em que estava treinando vendedores, lembranças em que falava no palco –, mas não importava quão poderosas fossem elas, não importava quantas vezes tentasse usar as cinco modalidades sensoriais para chegar ao completo pináculo do estado, eu sabia que não havia chegado lá.

A necessidade de estar no pico absoluto do estado, de modo a conseguir estabelecer uma âncora com o sucesso, torna essa estratégia extraordinariamente difícil de ser executada. Ainda que você tenha um profissional o orientando durante o processo, não é nada fácil fabricar um estado artificial de *absoluta certeza* – quero dizer, fazer *de verdade*, sem palhaçada ou exagero. E, mais importante que tudo, você também pode ficar suscetível a uma grande ilusão pessoal, tentando se convencer de que conseguiu alcançar a estratégia porque quer desesperadamente o benefício.

No que diz respeito a estabelecer uma âncora com PNL, vi mais ilusão pessoal bem-intencionada que qualquer outra coisa, especialmente em eventos ao vivo, quando as pessoas se sentem compelidas a seguir a multidão. Então pulam, comemoram, batem palmas, gritam a palavra "sim" como demônios e depois cumprimentam umas às outras pela âncora "de sucesso" que acabaram de estabelecer.

A dura realidade, porém, é que os muitos benefícios que elas estão conseguindo obter por estar em um estado elevado – aprendem mais rápido, lembram mais, terão uma experiência da qual nunca mais se esquecerão (e para a qual comprarão ingressos novamente!) – são apenas temporários.

Você deve se perguntar aonde eu quero chegar com tudo isso, não?

No fim, acabei me dando conta de que a única forma *infalível* de estar naquele grau megaintenso de *absoluta certeza* para estabelecer uma âncora legítima era esperar até estar nesse estado organicamente, e assim estabelecer a âncora.

Por que tentar fabricar um pico de estado de absoluta certeza por intermédio de uma série de técnicas da PNL poderosas, mas totalmente subjetivas, e nunca saber se chegará lá? Tudo o que eu precisava fazer era esperar até fechar uma venda grande, no mundo real, que me levasse a um estado máximo de absoluta certeza organicamente, e então, nesse instante – e quero dizer *nesse instante* –, quando estivesse desfrutando da sensação de ter fechado uma venda impressionante, e soubesse com toda célula do meu corpo que estava em um estado *orgânico* de *absoluta certeza*, em oposição a uma imitação artificialmente fabricada, eu pegaria meu BoomBoom, daria uma inalada gigantesca – *bum! bum!* – e, assim, teria fixado uma âncora poderosa.

Âncora

Resumindo, com zero preparação, além de escolher qual estado você quer ancorar, só o que você precisa fazer é esperar por aquele momento impressionante em que fecha uma venda grande (ou qualquer situação que o leve a organicamente mergulhar em um estado de *absoluta certeza*, ou absoluta *qualquer coisa*). Nesse instante, nesse preciso instante, quando esse momento surgir, você saca o tubo de BoomBoom, destampa, dá uma grande e prodigiosa inalada por uma narina de cada vez, para sentir a descarga de hortelã e limão banhando seus nervos olfativos, que dará aquela agradável ardência revigorante. Depois, cerre os punhos e comece a apertar com força, com as unhas cravando as palmas das mãos, para que consiga sentir de fato, e solte a palavra "sim" de forma decidida, mas controlada, para que o volume e a força sejam dirigidos para dentro, para seu plexo solar, onde irá ressoar no seu coração, na sua alma, no seu fígado, na sua virilha e por todas as suas entranhas. Você acabou de estabelecer uma âncora poderosa e pode usá-la da próxima vez em que estiver prestes a iniciar um encontro de vendas.

É assim que funciona, apresentado em passos:

Primeiro passo: escolha um estado.

Vamos escolher um estado de *absoluta certeza*.

Segundo passo: estabeleça sua âncora.

Você espera por um *momento muito específico*, e então saca seu BoomBoom, destampa e segue os passos acima – dá uma enorme inalada por uma das narinas de cada vez, depois cerra os punhos, crava as unhas nas palmas das mãos e pronuncia a palavra "sim" de forma poderosa, mas controlada.

Dez segundos depois, com o cheiro de BoomBoom ainda presente, embora com a força inicial tendo passado, repita o processo.

E, como dizem, é o fim.

Você se ancorou em um estado de absoluta certeza.

Somente para garantir, você pode repetir esse processo mais uma vez – na próxima vez em que fechar o mesmo tipo de venda impressionante – e colocar uma segunda âncora bem em cima da primeira. Não pode fazer mal, já que as âncoras ficam mais fortes quando empilhadas; mas, seja como for, mesmo que só estabeleça a âncora uma vez, ela deve ser bem poderosa na primeira vez em que usá-la, que deve ser logo antes de você iniciar um encontro de venda. E só para garantir que sua âncora permaneça firme, ao longo do mês seguinte, sempre que fechar uma daquelas vendas especialmente impressionantes, aquelas que fazem com que você mergulhe em um pico de estado de absoluta certeza, inale outra vez seu BoomBoom e continue a empilhar uma âncora sobre a outra, sobre a outra, até a ligação estar *tão* entranhada que permanecerá com você para sempre.

Essa é a âncora olfativa em resumo.

Eu a vi operar mágica em inúmeras pessoas que tiveram o impacto disso de forma muito mais profunda do que eu. Afinal, a administração de estado sempre foi algo fácil para mim em vendas ou ambientes empresariais; mas sou exceção à regra. Para cada sujeito como eu há um milhão de outros que são exatamente o oposto, e eles são retidos unicamente porque carecem da capacidade de aparecer para um encontro de venda se sentindo como um dos melhores.

Nesse sentido, não consigo explicar como tem sido gratificante poder dar um salva-vidas a essas pessoas na forma de um pequeno tubinho preto com um cheiro terrivelmente pungente. Só é preciso uma cheirada rápida na narina esquerda, uma cheirada rápida na direita, e administrar seu estado é tão simples como pingar algumas gotas de colírio para acabar com os olhos vermelhos.

Entre o impressionante poder do Sistema Linha Reta e a garantia que a âncora olfativa lhe dá de que estará em um estado para acessar *aquele* poder, você está pronto para realizar virtualmente qualquer coisa que decida tentar.

Vamos *retornar* às habilidades práticas do Sistema Linha Reta – partindo de onde paramos, com um mergulho fundo nos dez tons centrais influenciadores e princípios da linguagem corporal.

7

Tom avançado

Antes de começar de onde paramos no capítulo 4, quero dar uma explicação detalhada de cada um dos dez tons centrais que influenciam o homem. Contudo, preciso fazer primeiro um alerta ético sobre a estratégia de comunicação inconsciente *extremamente* poderosa na qual esses dez tons funcionam como elementos constituintes básicos.

Quando eu digo "extremamente poderosa", quero dizer que assim que você se torna razoavelmente competente nessa estratégia, já pode fazer com que pessoas comprem coisas que não deveriam comprar e fazer coisas que não deveriam fazer, sem sequer se dar conta da dose extraordinária de influência que foi exercida sobre elas.

Evidentemente, uma estratégia assim tem o potencial de ser mal utilizada por um vendedor inescrupuloso. Então, quero garantir que fique totalmente claro para todos os leitores que não sou conivente com esse tipo de comportamento – e, por essa razão, eu apreciaria se você assinasse o seguinte alerta ético:

> *Eu nunca utilizarei a estratégia que estou prestes a aprender para manipular meus compradores potenciais a agir contra seus próprios interesses. Caso o faça, mereço os mesmos dez anos de dor e sofrimento que Jordan teve de superar.*
>
> X_____
> *Seu nome*

Lembre-se, sustentar sua ética e sua integridade é o presente que todo homem e mulher dá a si mesmo. Seja a falta de noites insones, ser um bom exemplo para os filhos, desfrutar de uma sensação de bem-estar ou construir uma reputação impecável que gera um sucesso ainda maior. Posso lhe dizer por minha própria experiência pessoal que não há sensação melhor que conseguir riqueza e sucesso sem pegar qualquer atalho.

O que eu tenho anunciado até aqui é a existência de uma estratégia poderosa que usa os dez tons centrais influenciadores para fortalecer sua comunicação de modo tão profundo que a mente consciente de seu comprador potencial se vê lutando para dar conta de todas as palavras adicionais que ela ouve como resultado das constantes mudanças de tom.

Em uma questão de segundos, todo esse poder de processamento passa a ser dedicado a essa única tarefa: tentar dar conta da avalanche de palavras adicionais que continua a ouvir. E, então, você assume o controle do próprio monólogo interior de seu comprador potencial e o coloca para narrar a seu *favor* em vez de *contra* você.

Está ligeiramente confuso? Em caso positivo, você não está sozinho.

Embora essa estratégia seja muito fácil de aprender, é algo mais difícil de compreender. Deixe-me desmontá-la para você passo a passo – começando com uma rápida revisão do capítulo anterior sobre a estratégica de utilização do tom pela minha mãe ao chamar meu nome.

Se ela dizia "*Jordan!*" em um tom duro e objetivo, as palavras adicionais que eu ouvia eram: "Venha aqui imediatamente! O que você fez?". Inversamente, se ela dizia "*Jor-dan!*" em um tom cantado, as palavras adicionais que eu ouvia eram: "Onde você está, meu amor? Venha, saia de onde você estiver!".

Esse é apenas um exemplo de como cada tom individual cria o próprio conjunto de palavras não ditas que o ouvinte escuta em sua mente inconsciente e às quais dá o significado apropriado.

Quando você fala com um comprador potencial em uma situação de influência, o cérebro dele escuta duas coisas diferentes ao mesmo tempo: primeiramente, escuta as palavras que você diz e analisa o significado de cada uma, *isoladamente* e no contexto da frase inteira; em segundo lugar, escuta seu próprio monólogo interior, enquanto debate os prós e contras das últimas palavras que você disse com base no significado que atribuiu a elas.

Digamos que você telefona sem se anunciar para um comprador potencial chamado John Smith, ele atende e diz alô. Ao que você retruca: "Oi, meu nome é Bill Peterson, ligo da Acme Travel Company. Estou procurando o senhor John Smith. Ele está em casa?".

A não ser que John Smith tenha passado os últimos trinta anos vivendo sob uma pedra, há 99,9% de chance de que ele desconfie de que Bill Peterson é um vendedor. Qual produto ele está vendendo e como conseguiu seu telefone John ainda não sabe, mas isso não muda o fato de que aquela pessoa é um completo estranho, e não alguém que John conhece.

Afinal, um amigo, ou mesmo um conhecido, nunca se dirigiria a ele de modo tão formal, e tal pessoa provavelmente teria reconhecido sua voz ao telefone. E quando ele faz essa combinação com o fato de que sempre que seu telefone toca é um operador de telemarketing, John conhece o negócio nos cinco primeiros segundos de um encontro de vendas.

Como ele reage, então?

Em muitos casos, o John Smith típico desliga o telefone, confiando no fato de que não estará ofendendo ninguém que conhece.

Contudo, digamos que esse John Smith em particular tem modos impecáveis e não se sente confortável com bater o telefone na cara de ninguém, mesmo que seja um vendedor abusado que teve a audácia de telefonar para a santidade de seu lar.

Em vez de desligar, o senhor Smith diz em um tom levemente aborrecido: "Aqui é o senhor Smith. Como posso ajudá-lo?" – enquanto seu monólogo interior informa ao seu centro de julgamento, em um tom completamente raivoso: "*Merda*, outro maldito vendedor ligando para minha casa e interrompendo meu jantar! Tenho de descobrir um modo de encerrar esta ligação e depois me colocar na lista de Não Telefonar".

Evidentemente, esse não é o tipo de monólogo interior que cria o ambiente para o vendedor ter uma chance razoável de acabar fechando o negócio. A realidade é que a venda terminara antes mesmo de começar. Porém, como tudo o que Bill Peterson ouviu foi a resposta enunciada do senhor Smith – "Como posso ajudá-lo?" –, está totalmente no escuro e continua com a venda, confiante:

— Boa noite — ele diz. — Estou ligando para lhe informar sobre uma oportunidade incrível no... — o vendedor começa, e enquanto avança, explicando a oportunidade incrível, o diálogo do senhor Smith já está no ataque.

"Incrível o cacete!", o monólogo interior do senhor Smith diz ao centro de julgamento crítico do senhor Smith em seu córtex pré-frontal. "Esse sujeito é um cretino. Se estivesse na minha frente, eu juro por Deus que apertaria seu maldito pescoço e..." De repente, o senhor Smith se dá conta de que uma pergunta foi feita.

— ... é simples assim, senhor Smith. Só preciso fazer duas perguntas rápidas, para não desperdiçar seu tempo. Pode ser?

— Desculpe, você me pegou em um momento ruim — o senhor Smith retruca rapidamente. — Tenho de desligar.

— Sem problema — Bill Peterson responde. — Qual seria um...

Clique!

E, *assim*, a venda terminou antes mesmo de começar, mais uma em uma longa lista de "vendas furadas" que poderiam ter sido do modo oposto se os milhões de *Bill Peterson do mundo* tivessem consciência do que estava acontecendo no monólogo interior do comprador potencial e tivessem aprendido uma estratégia simples, mas imensamente poderosa, de conter isso.

Dez tons centrais influenciadores

Antes de ensinar os elementos específicos dessa estratégia, há uma distinção crucial que precisamos ver primeiro. Tem a ver com como vendedores natos aplicam o tom correto às palavras que dizem, ao contrário de todos os outros.

Quando você é um vendedor nato, não precisa decidir conscientemente qual dos dez tons centrais influenciadores precisa aplicar às suas palavras de modo a assumir o controle do monólogo interior de seu comprador potencial e impedi-lo de se colocar contra você. Sua mente inconsciente faz esse serviço automaticamente e acerta todas as vezes.

Se durante a venda for necessário soar *absolutamente certo, totalmente sincero, atencioso e simpático, totalmente razoável* ou qualquer dos dez tons centrais que transmitem a influência, esse tom será aplicado às suas palavras, sem que você sequer precise pensar a respeito. Simplesmente acontece.

Quando você não é um vendedor nato – um grupo gigantesco que inclui mais de 99% da população –, acontece um colapso em sua comunicação interna. As mentes consciente e inconsciente não se ligam de modo a permitir a livre troca de informações entre as duas.

Consequentemente, a comunicação acaba se tornando uma versão aguada daquilo que você originalmente pretendia – carecendo da riqueza e do vigor que você achava ter transmitido com a utilização de tom e linguagem corporal.

Sem que você saiba, o tom que você achava ter aplicado de algum modo foi bloqueado ou impedido de concluir sua jornada para fora da boca para acompanhar as palavras, que não enfrentaram bloqueio ou impedimento algum.

A ausência de tom – ou, muito mais frequentemente, a presença de um vestígio de tom em sua comunicação – não foi uma escolha consciente sua; você foi vítima de uma plataforma de comunicação interna deficiente que o deixou "fora do tom", como se diz.

No exato instante em que suas palavras deixavam seus lábios e você as ouvia com os próprios ouvidos, foi levado por sua mente inconsciente a pensar que soava perfeito, ou seja, que soava exatamente como pretendia soar.

TOM AVANÇADO

Mas atributos como certeza, confiança, paixão, entusiasmo, urgência, empatia, clareza e outras qualidades subjetivas que caracterizam uma história bem-contada ou um conceito bem-explicado *se perderam na tradução* – vítimas de golpes das mãos formidáveis da natureza e da criação, que o mandaram para a maturidade com uma plataforma de comunicação interna que dilui as mensagens que você transmite ao permitir que suas palavras fluam livremente ao mesmo tempo em que bloqueia o tom que você aplicou.

E como isso tem impacto em sua capacidade de fechar um negócio, no nível mais básico – quando você usa os tons no sentido tradicional, e não para assumir o controle do monólogo interno do comprador potencial? Você pode traçar uma linha reta remontando até o componente emocional dos Três Dez para entender a carnificina. Na ausência do tom certo, sua capacidade de conduzir emocionalmente o comprador potencial é severamente limitada, e sua capacidade de fechar o negócio é proporcionalmente limitada.

Lembre-se, são suas palavras que conduzem o comprador potencial logicamente, e são seus tons que conduzem o comprador emocionalmente. Também podemos usar os tons em um nível muito mais alto para assumir o controle do monólogo interior de nosso comprador potencial e impedi-lo de se colocar contra nós. É hora de ser mais específico sobre o assunto.

***

Vamos retornar ao exemplo do educado senhor Smith e sua nêmese do telemarketing, Bill Peterson, da Acme Travel Company. A única diferença é que, desta vez, Bill Peterson estará armado de táticas e estratégias do Sistema Linha Reta –

começando pela mais simples de todas elas, que determina que um vendedor nunca deve se dirigir ao comprador potencial de modo demasiadamente formal; em vez disso, o vendedor deve se dirigir a ele como se dirigiria respeitosamente a um amigo.

Em vez de dizer "Oi, meu nome é Bill Peterson, da Acme Travel Company. Estou procurando pelo senhor John Smith. Ele está em casa?" – o que é equivalente à *morte* –, o vendedor deveria simplesmente dizer, em um tom muito animado: "Oi, John está?".

Quando eu digo "em um tom muito animado", estou me referindo a um dos dez tons centrais influenciadores, chamado de tom *eu me importo*, ou *eu realmente quero saber*. Ao aplicar esse tipo de tom animado e entusiasmado, enquanto todos os outros vendedores estão dizendo as mesmas palavras de modo desinteressado, eu me destaco do restante do bando e também começo o processo de assumir o controle do diálogo interior de meu comprador potencial.

Isso quer dizer estar totalmente envolvido e demonstrar grande interesse em falar com o comprador potencial. Em outros casos, como quando diz "Como vai?", você está muito longe de estabelecer uma conexão instantânea com alguém e se definir como uma pessoa que se importa e quer saber como ele vai.

Esse tom cria uma ligação psicológica inconsciente, porque nós nos sentimos mais próximos de pessoas que expressam uma preocupação sincera com o nosso bem-estar.

Nesse caso específico, as palavras adicionais que o senhor Smith ouviu depois de "Oi, John está?" foram: "Eu realmente quero saber! Não sou como o restante dos vendedores que perguntam isso para se certificar se ele está ou não. Eu *genuinamente* quero falar com ele!".

Mas há um limite de quanta empolgação e entusiasmo você pode colocar em suas palavras antes de começar a soar falso. Você não quer falar como o Tigre Tony dos Sucrilhos: "*É grrrrande!*". Você soaria como um completo idiota se fizesse tal coisa. Você quer ser empolgado o suficiente para transmitir o que deseja, mas não tão exagerado que soe ridículo.

Lembre-se, o tom é a arma secreta para influenciar por ser uma linguagem não enunciada. O comprador potencial ouve palavras sem que você precise dizê-las, e é influenciado sem nem mesmo saber.

Como o senhor Smith reage, então?

Ao mesmo tempo em que está ouvindo as palavras adicionais do cumprimento reforçado de Bill Peterson e tentando processar seu significado, ele diz: "Sim, aqui é John". Ao que Bill Peterson reage com seu segundo tom central influenciador, chamado de *formular uma declaração como uma pergunta*, aplicado às seguintes palavras: "Oi, meu nome é Bill Peterson, ligo da Acme Travel Company, de Beverly Hills, Califórnia. Como você está?".

Repare em como cada um desses três elementos é uma declaração:

1. Oi, meu nome é Bill Peterson,
2. ligo da Acme Travel Company,
3. de Beverly Hills, Califórnia.

Cada um desses três elementos é uma declaração, não uma pergunta. Contudo, ao formulá-los como perguntas, você invocou o poder de três desejos humanos distintos:

1. Não ser visto como estando de fora.
2. Lembrar de pessoas que já conhecemos.
3. Parecer agradável.

Veja o que acontece com a pontuação quando Bill Peterson formula essas declarações como perguntas:

"Oi, meu nome é Bill Peterson? Ligo da Acme Travel Company? De Beverly Hills, Califórnia? Como você está?"

Ao formular cada uma dessas três declarações como perguntas, você insinua o que é chamado de microacordo, e as palavras adicionais que o senhor Smith ouve são: "Certo? Certo? Você ouviu falar de nós, certo?".

Eis outro exemplo, retirado da minha vida pessoal:

Minha filha era uma ótima vendedora quando pequena. Ela dizia: "Papai, nós vamos à loja de brinquedos, não é? Você prometeu, não é?". Se você já ouviu crianças fazendo esse tipo de pergunta, tem consciência de que elas sabem naturalmente como utilizar esse tom. Quando minha filha fazia isso, eu revirava a memória, pensando: "Não sei. Eu prometi?". Mas ela já tinha seguido em frente com a conversa, ido na direção da porta, e estava na loja de brinquedos antes que eu conseguisse parar e realmente pensar a respeito. Ao usar esse tom, antes que eu soubesse o que estava acontecendo, ela me levou em Linha Reta para o carro, para a loja e para comprar o brinquedo que ela queria.

Esse é um tom que você deve usar com moderação, mas é incrivelmente poderoso em extrair concordância do comprador potencial. Você pode formular sua declaração como uma pergunta ou, em certos contextos, usar as palavras exatas enquanto ergue a voz aqui, aqui e aqui, ao que o comprador potencial ouvirá: "Certo? Certo? Certo?".

Quando Bill formula seu nome como uma pergunta, o monólogo interior do senhor Smith começa dizendo: "Espere um minuto! Eu deveria saber quem é essa pessoa? É melhor eu me precaver e soar como se o conhecesse.".

O que acontece quando você formula uma declaração comum como uma pergunta é que o cérebro do comprador potencial é colocado em modo de busca, enquanto ele tenta descobrir se deveria ou não conhecer a pessoa que está telefonando. E, em função do poder limitado de processamento da mente consciente, enquanto o comprador potencial permanecer em modo de busca, seu monólogo interior é impedido de trabalhar contra você.

Mas, por mais poderoso que seja esse conceito, você não pode se iludir e pensar que só porque formulou uma declaração como uma pergunta o comprador potencial irá comprar. Não é assim que o uso de tons funciona. Ele mantém o comprador potencial no jogo, impedindo que o monólogo interior trabalhe contra você, abrindo a possibilidade de o influenciar mais, o que se dará na forma de sua frase seguinte.

Nesse ponto da venda, é exatamente assim que eu quero que você esteja pensando nas coisas: palavra a palavra e frase a frase.

Quero que você se assegure de que *cada* palavra que escolheu é decididamente a *melhor* possível considerando o resultado desejado, e que o tom que usou lhe permite manter o controle do monólogo interior do comprador potencial e, consequentemente, o encontro de venda.

Nesse momento, o próximo conjunto de palavras que você irá usar – também conhecido como o *padrão de linguagem* seguinte, no jargão da Linha Reta – explicará o exato motivo pelo qual ligou para o comprador potencial naquele dia.

Você não ligou para o comprador por nada. Não ligou ontem, não ligou amanhã e não ligou semana que vem; ligou neste momento, e há uma razão específica para tal.

Chamamos essa razão de *justificadora*, no sentido de que ela cria uma justificativa para procurar o comprador potencial. Estudarei o assunto mais detalhadamente no capítulo 10 (que aborda em detalhes a *prospecção*), mas tudo o que você precisa compreender por enquanto é que ao usar uma justificadora corretamente, aumentará muito a taxa de concordância com qualquer pedido que esteja fazendo. O pedido de Bill Peterson será a permissão para fazer uma série de perguntas ao senhor Smith, para poder dar início ao processo de coleta de informações. Contudo, vamos nos concentrar apenas na própria justificadora e no tom que Bill dará a ela – especificamente o tom de *mistério e curiosidade*.

Bill diz: "Veja, John, a *razão* para o telefonema de hoje é que montamos um grupo seleto de proprietários de imóveis em sua área para oferecer...", e então explica qualquer que seja a oferta. Pode ser uma promoção especial, na qual o senhor Smith ganhará uma passagem aérea ou uma noite gratuita em um hotel, a oportunidade de se associar a um clube de férias ou de viagem, ou qualquer outra coisa que dê ao senhor Smith algo visto como vantajoso.

O modo como você cria mistério e curiosidade com esse tom é baixando a voz para pouco mais que um sussurro, em seguida se detendo no "R" da palavra "razão" por uma fração de segundo extra.[2]

---

2. Para ouvir o tom dos trechos marcados com asterisco nesse capítulo acesse www.jordanbelfort.com/tonality.

TOM AVANÇADO

Como você baixa a voz para *pouco mais* que um sussurro, a razão ganha qualidade de um segredo, criando uma noção de urgência e escassez, o que nos leva a nosso quarto tom central influenciador, que é *escassez*.

Em vendas, nós usamos a palavra "escassez" para descrever a tendência natural de um comprador potencial de querer mais daquilo que vê como existindo cada vez menos. Quando uma pessoa descobre que algo que deseja existe em pequeno número – é escasso –, faz com que deseje esse item ainda mais.

Há três tipos de escassez.

O primeiro deles é chamado *escassez verbal*.

Escassez verbal é um estado de escassez criado unicamente pela utilização de palavras. Vamos mudar de exemplos (e dar adeus ao senhor Smith e a Bill Peterson) e supor que você é um vendedor da BMW e um comprador potencial entra em sua revendedora querendo comprar um 750iL preto com interior de couro preto. E você quer criar uma escassez verbal do modelo e da cor do carro que o comprador potencial deseja.

Você poderia dizer algo como: "Só temos mais um 750iL preto com interior preto disponível na loja e só receberemos outro carregamento em três meses". Bastante direto, certo?

Ao explicar ao comprador potencial que há poucas unidades do carro que ele deseja, o vendedor aumenta a probabilidade de que compre o carro naquele momento, para evitar a possibilidade de falta.

Em vendas, nos referimos a esse processo como criação de urgência, e é parte integrante do processo de levar o cliente a comprar agora, em vez de deixar para algum momento no futuro. Consequentemente, você deve tentar criar pelo menos algum grau de urgência pouco antes de perguntar pelo pedido, já que aumentará a probabilidade de o comprador potencial dizer sim.

Se o vendedor quiser aumentar ainda mais essa probabilidade, pode aplicar o tom de escassez nas palavras ditas.

Nós chamamos esse segundo tipo de *escassez tonal*.

Escassez tonal é quando você baixa a voz para pouco mais que um sussurro e aplica um pouco de vigor. Aplicar esse tom de voz a uma palavra ou frase deflagra uma sensação de escassez na mente inconsciente do ouvinte, que envia um sinal ao equivalente consciente, na forma de instinto. A escassez tonal reforça a escassez verbal, de modo que o *som* de suas palavras intensifica a sensação de escassez no instinto do comprador potencial a um nível muito além do que ele sentiria apenas a partir das palavras.

E isso nos leva ao terceiro tipo, chamado *escassez informacional* – o que quer dizer que a própria informação é mínima. Há poucas unidades do 750iL preto e ninguém mais tem conhecimento desse fato.

A escassez informacional aumenta o efeito do sussurro, transformando o que é dito em um enorme segredo que o comprador potencial sente que pode usar para ter uma vantagem pessoal.

Eis como você monta tudo:

- Primeiramente, a *escassez verbal* é usada para transmitir a lógica: "Só temos mais um 750iL preto com interior preto no estoque, e assim que for vendido só receberemos outro carregamento em três meses".

- Em segundo lugar, você acrescenta uma *escassez tonal* usando um poderoso sussurro, que aumenta a sensação de escassez do comprador potencial.
- Em terceiro, você adiciona *escassez informacional* explicando que mesmo as informações sobre aquilo são poucas.

***

Para os três tons seguintes, vamos pular para o final da parte principal de sua apresentação de vendas, o momento em que você vai perguntar sobre o pedido pela primeira vez.

Neste caso, aplicamos uma série de três mudanças de tom enquanto perguntamos sobre o pedido – começando com um tom de absoluta certeza, depois passando para um tom de completa sinceridade e, finalmente, para um tom de homem razoável.*

Primeiramente, deixe-me explicar separadamente cada tom:

1 Absoluta certeza: já expliquei detalhadamente no capítulo 4, então vou apenas refrescar a sua memória. Com o tom de absoluta certeza, sua voz ganha um tom mais firme e definitivo, cujo poder parece vir diretamente de seu plexo solar, para transmitir a convicção absoluta do que quer que você esteja dizendo.

2 Completa sinceridade: é um tom calmo, suave, confiante, de baixa pressão, que indica que o que você está dizendo ao comprador potencial vem diretamente do coração, e que você está sendo absolutamente sincero no nível mais alto possível. É um tom suave aveludado tão humilde e inofensivo que soa como se tivesse a natureza de um pedido de desculpas, embora, claro, nenhuma desculpa seja pedida. Em vez disso, você está dizendo algo que é do interesse dele, e, portanto, ele seria um tolo de não acreditar no que você disse e aceitar seu conselho.

3 *Homem razoável*: este é um dos meus tons preferidos, já que é usado em alguns dos momentos mais importantes do encontro de venda. Neste caso específico, estamos nos concentrando em como ele é usado no fechamento; contudo, o que quero que você entenda é que iremos usá-lo também no começo da venda, quando você pede ao comprador potencial permissão para explicar as vantagens de qualquer que seja o produto ou ideia que está oferecendo. Você não começa simplesmente vendendo sua ideia ao comprador potencial sem antes dizer algo como: "Se você tiver sessenta segundos, eu gostaria de partilhar uma ideia. *Você tem um minuto?*".

As três últimas palavras – "tem um minuto?" – são aquelas às quais você aplica o tom de homem razoável, que demanda que eleve a voz no final da frase,* para transmitir como a sua declaração é razoável.

Quando você usa o tom de homem razoável, as palavras extras que o comprador potencial ouve são: "Eu sou razoável, você é razoável, e este é um pedido bastante razoável!". E como é da natureza humana querer seguir a regra de ouro – fazer aos outros o que você gostaria que fizessem a você –, o comprador potencial sente a obrigação inconsciente de ser igualmente razoável, fazendo com que ele diga sim ao seu pedido.

No que diz respeito ao fechamento, eis um exemplo de como unimos todos esses tons em um padrão tonal:*

Primeiramente, o padrão de linguagem típico para um fechamento seria algo como: "Se me der uma chance, Bill, acredite, você vai ficar realmente muito impressionado. Parece suficientemente justo?".

Deixe-me mostrar como pegamos os três tons acima e os transformamos em um padrão tonal muito poderoso.*

Começamos com o tom de absoluta certeza, que é aplicado às palavras "Se me der uma chance, Bill, acredite...".

Depois, fazemos uma transição suave do tom de absoluta certeza para o tom de completa sinceridade, que é aplicado às palavras "você vai ficar realmente muito impressionado...".

E, por último, passamos do tom de completa sinceridade para o tom de homem razoável, que é aplicado às palavras "Parece suficientemente justo?". E isso implica que você é um homem razoável fazendo um pedido razoável.

Lembre-se, você não quer dizer "PARECE SUFICIENTEMENTE JUSTO?" em um tom raivoso e agressivo, "Parece suficientemente justo?" em um tom nasalado e arrogante, ou "Parece suficientemente justo?" em um tom agudo de Mary Poppins. Você precisa mostrar que é razoável, portanto a coisa toda é razoável e comprá-la não é nada demais. É assim que você quer encerrar o pedido, não em um tom de absoluta certeza, que implica pressão.

Digamos que você tenha feito uma ótima apresentação, que terminou perguntando pelo pedido pela primeira vez, mas, por alguma razão – que o comprador potencial apresentou uma das objeções comuns –, ele ainda quer pensar sobre a compra.

A primeira pergunta que você irá fazer, não importa qual seja a objeção que ele faça, é: "A ideia faz sentido para você? Você gosta da ideia?".

Esse é o começo de um padrão de linguagem que lhe permitirá fazer a transição para o primeiro padrão de reiteração, que iremos abordar mais tarde, no qual você começa o processo de aumentar o nível de certeza dele para cada um dos Três Dez.

Então, digamos que em resposta à sua pergunta sobre o pedido o comprador potencial diz: "Parece bom. Deixe-me pensar a respeito".

Sua resposta deveria ser: "Entendo o que está dizendo, mas deixe-me fazer uma pergunta: a ideia faz sentido para você? Você gosta de ideia?".*

O segredo, aqui, é que o tom que você usa – começando com "Entendo o que está dizendo" e indo até o fim, quando você diz "Você gosta da ideia?" – será seu tom *hipotético*, deixando de lado o dinheiro.* As palavras adicionais que o comprador potencial ouve nesse caso são: "Falando hipoteticamente, deixando de lado o dinheiro, essa ideia faz sentido para você? Você gosta da ideia?".

Você tornou a coisa toda um exercício acadêmico, o que o desarma totalmente e permite a você continuar o processo de aumentar o grau de certeza dele para os Três Dez, por intermédio do processo de reiteração.

A seguir, temos o tom de *insinuação de obviedade*.*

Essa é uma forma avançada de caminhar pelo futuro, porque você está criando na mente do comprador potencial a impressão de que os benefícios que está vendendo são *garantidos*. Se você estiver trabalhando em finanças, por exemplo, pode dizer: "Veja, John, *você irá ganhar dinheiro*, porém, mais importante, o que eu posso fazer por você em longo prazo sobre novas questões e arbitragem...".

Em outras palavras, está usando um tom para incutir a noção de que é mais que óbvio que seu produto ou serviço é garantido.

Isso nos leva ao último dos dez tons centrais influenciadores: "*Eu sinto seu desconforto*"* – ao qual eventualmente me refiro como sendo o tom Bill Clinton, por causa do completo e total domínio que ele tem.*

Esse é um tom que você quer usar ao fazer perguntas criadas para revelar os pontos do desconforto primário e secundário do comprador potencial e, caso necessário, reforçá-los.

Se você tentar fazer isso enquanto usa um tom *agressivo* ou *antipático*, irá instantaneamente romper a conexão com o comprador potencial, e há uma enorme possibilidade de que ele acabe desprezando você. Contudo, se usar o tom "eu me importo", ele acabará tendo uma conexão ainda mais forte com você, porque sentirá que você o entende e realmente se importa com ele.

O segredo desse tom é que você está expressando empatia e simpatia, que pode sentir o desconforto dele, e quer muito ajudá-lo a resolver o problema. Você não está lá apenas para receber uma comissão.

E, assim, passemos para a linguagem corporal.

8
Linguagem corporal avançada

Você já conheceu alguém que considerasse verdadeiramente repulsivo? Alguém que, apenas com sua presença, o deixava tão desconfortável e perturbado que se ainda estivesse na escola pediria ao vizinho de carteira para lhe dar uma injeção de piolho?

Para todos vocês que não são da Costa Leste dos Estados Unidos, uma injeção de piolho é uma injeção de mentirinha que um amigo lhe dá para impedir que você pegue o piolho de outra criança. Sintomas comuns de piolhos são usar calça pesca-siri, limpar o nariz e comer, adorar fósseis, ser o último escolhido para os times, fazer movimentos confusos com os braços enquanto fala e uma repugnância que se anuncia a pelo menos 50 metros de distância. (Um lembrete: recomenda-se que crianças que não sofrem de piolhos tratem aqueles que sofrem com a maior compaixão, pois há 99% de chance de que acabem trabalhando para um deles quando mais velhos.)

Estou certo de que em algum momento da vida todos cruzamos com alguém que desperta esse tipo de reação negativa visceral. O que quero que você faça agora é retornar ao exato momento em que colocou os olhos nessa pessoa pela primeira vez e aquele sentimento nauseante o envolveu. Você descobrirá que não foram as palavras ou os tons da pessoa que lhe causaram aquilo, foi a sua *linguagem corporal*. Houve algo no modo como ela olhou, agiu, movimentou o corpo, apertou sua mão, evitou fazer contato visual ou ficou perto demais de você que o fez disparar um alarme que o deixou totalmente abalado.

A questão é que a comunicação não verbal é dez vezes mais poderosa que a comunicação verbal e atinge suas entranhas com a força de uma bala de canhão. Coisas como pensamentos, sentimentos e intenções são transmitidas no modo como você movimenta seu corpo: pela administração do espaço e do tempo, pela postura, pela aparência, pelos gestos, e na forma de suas expressões faciais e como estabelece contato visual. Até mesmo o seu cheiro.

Tudo isso é processado em um microssegundo quando você está conversando com alguém pessoalmente e ele coloca os olhos em você pela primeira vez. Não é porque a linguagem corporal eficaz vá fechar o negócio, mas é que a linguagem corporal ineficaz acabará com o negócio. Ela barra o desenvolvimento ou não permite que você estabeleça uma conexão com o outro; ele é repelido pelo que vê.

Quando uma pessoa coloca os olhos em você pela primeira vez, naquele $1/24$ de segundo em que seu indicador de avaliação sobe e desce, ela vê seu rosto, como você se move, e faz uma avaliação. Ela o faz em pedaços, processa no cérebro, depois remonta, e você é julgado.

Você pode ser considerada uma pessoa afiada, objetiva, alguém com quem ela quer fazer negócio, ou alguém com quem ela não quer fazer negócio. É o mesmo que dizer: alguém que a afasta, alguém que ela não vê como sendo um especialista, nada afiado ou entusiasmado. Todas aquelas coisas de que você precisa para estabelecer uma conexão firme.

Eis uma história que ilustra como uma linguagem corporal negativa pode ser repulsiva. Aconteceu em um seminário meu em Sydney, Austrália, uma das minhas cidades preferidas em todo o mundo. Eu acabara de detalhar todo o bloco sobre linguagem corporal, me detendo em todas as particularidades de contato visual, como apertar mãos e o quanto ficar perto de alguém.

Estava nesse último tópico sobre o quanto ficar perto havia quinze minutos, chamando pessoas ao palco e permitindo que experimentassem elas mesmas a sensação medonha de quando alguém invade sua bolha espacial. Então, todos estão percebendo como é, todos estão na mesma sintonia.

Faço uma pausa rápida, e assim que saio do palco um australiano maluco vai correndo até mim, com um sotaque forte, dizendo: "Ei, camarada, camarada, camarada!". Ele cola em mim, e eu penso: "Ah, meu Deus!". O cara continua a invadir o meu espaço, o tempo todo dizendo: "Eu tenho uma coisa, eu tenho uma coisa, camarada, camarada, camarada". Enquanto me viro e cubro o rosto para impedir que a saliva continue chovendo em mim, o cara tenta explicar sua invenção revolucionária chamada Banheiro Expresso.

Banheiro Expresso? Era um banheiro portátil para crianças de 5 anos, e ele queria demonstrar, bem ali, como usar aquela coisinha de madeira. Seja como for, resumindo, ele acabara encurralando não apenas a mim, mas meu empresário australiano, o organizador do seminário e todos que estavam por perto. Em todos os casos, ele corre até a pessoa e cola no rosto dela. E todas as pessoas saem com a mesma sensação: "Não conheço o produto, mas eu não faria negócio com esse sujeito nem em um milhão de anos".

O resumo é: a linguagem corporal nunca o levará a fazer a venda, mas a linguagem corporal errada acabará com a oportunidade de fazer uma venda.

As coisas que uma pessoa debaterá internamente começam com uma observação bastante básica: sua aparência. Ela tomará uma decisão rápida sobre você com base nisso. É como discutimos no primeiro item sobre a sintaxe. Ela debaterá coisas como quão elegante você é, se está bem-vestido ou não, quantas joias usa. Tudo se resume a julgar um livro pela capa. Como alguém se veste, o tamanho dos cabelos, como se cuida, como aperta mãos – tudo faz uma enorme diferença em como somos vistos e, também, em como vemos as outras pessoas.

Quando um homem usa terno e gravata, por exemplo, imediatamente o vemos como alguém que está se dando bem: uma pessoa de poder. O mesmo vale para uma mulher, embora no caso seja um terninho. Tudo bem com calça ou saia, mas a saia não deve estar acima do joelho, e não deve haver excesso de maquiagem, joias ou perfume. O excesso dessas coisas pode prejudicar a credibilidade de uma mulher.

Lembre-se, sexo vende – para homens e mulheres –, mas apenas em um anúncio da Dolce & Gabbana ou em um comercial da Calvin Klein, não no ambiente de trabalho. Se um homem ou uma mulher querem ser levados a sério, não podem ir trabalhar como se estivessem indo para uma boate ou voltando da academia. Assim, mandam o sinal errado e prejudicam sua credibilidade. Mas toda essa ideia de *embalar para presente*, como dizem, vai além de roupas e perfumes. Envolve tudo.

Vamos começar com pelos faciais masculinos.

Você deve tirar qualquer coisa que vá além de barba ou bigode aparados. Transmitem uma vibração de falta de confiança. Também insinuam falta de orgulho e falta de atenção aos detalhes. Há algumas exceções, claro, no caso de você ganhar a vida vendendo Harley-Davidson, ou se estiver em uma região do mundo, como o Oriente Médio, onde a barba faz parte dos costumes. Mas em geral pelos faciais descuidados decididamente estão fora.

Em uma mulher, o equivalente a uma barba desgrenhada seria algum tipo de penteado radical. É somente o *excesso* de tudo. Isso o leva a imaginar: "O que há de errado com essa pessoa?". O mesmo vale para excesso de joias. É um grande ponto negativo, para homens e para mulheres, embora por razões totalmente diferentes.

Você adivinha qual é a pior coisa que um homem pode usar para criar uma percepção de desconfiança?

Um anel no dedo mínimo, especialmente se tiver um grande diamante. Não há nada mais tóxico do que um anel de diamante no dedo mínimo no que diz respeito a inspirar desconfiança. Ele exala o distinto odor de que você é um golpista – alguém que é *ambicioso*. Um pilantra, apenas vestindo um terno caro... e com um anel no dedo mínimo.

Há certas circunstâncias em que um anel no dedo mínimo é adequado, caso você seja o anfitrião de um cassino ou trabalhe atrás do balcão de uma joalheria. É a chamada Lei da Congruência, e está na mesma categoria do meu exemplo sobre a Harley-Davidson. A melhor forma de se vestir é ter um estilo congruente com a sua profissão.

Um bombeiro hidráulico, por exemplo, não deve vestir terno e gravata quando aparece em sua casa para fazer um orçamento. Pareceria ridículo, e você poderia considerar o traje um sinal de que ele irá exagerar no preço porque precisa comprar mais ternos.

Inversamente, se o bombeiro aparecer em sua casa parecendo bem desleixado, você ficará preocupado com que seu trabalho se revele tão desleixado quanto ele é. E ninguém quer um trabalho desleixado em sua instalação hidráulica. Com base na Lei da Congruência, ele deveria vestir um uniforme limpo e passado com o logotipo da empresa na frente e seu nome bordado na camisa. Deveria levar uma prancheta e ter nela uma ficha de orçamento em branco pronta para ser preenchida.

Um corretor de seguros deve vestir terno e gravata. Deve usar pouca ou nenhuma colônia. Se usar demais, será percebido como um golpista. Uma corretora deve usar um terninho, com pouca maquiagem e joias para mostrar que se orgulha de sua aparência, mas não é definida por ela. E deve levar uma maleta de couro, mas não uma Hermès ou um modelo de couro de crocodilo. Se gosta de perfume, que seja leve.

Pense em todos os vendedores que você conheceu ao longo dos anos e que violaram essas regras – todos os corretores de ações e seguros, corretores de imóveis e vendedores de carros... você não ficaria impressionado que eles estivessem ignorando esses erros facilmente remediáveis?

A coisa engraçada é que na época você não conseguia saber exatamente por que não confiava naquelas pessoas, ou por que não acreditava que pensassem em seus interesses. Mas agora você sabe e, retrospectivamente, tudo parece bastante óbvio. Ferramentas como essas o ajudam a estabelecer uma conexão inconsciente muito rapidamente.

Mas não vamos nos precipitar. Por enquanto, lembre-se de que estabelecer uma conexão com alguém é algo feito por intermédio de tons e linguagem corporal, não de palavras. Em termos de linguagem corporal, já falei sobre *embrulhar para presente*, porém há muito mais em jogo. Por exemplo, homens e mulheres reagem diferentemente a certos tipos de linguagem corporal, e as regras mudam em função disso.

Vamos começar com a consciência espacial. Se você é um homem vendendo a outro homem, você quer fazer o que é chamado *posição de esquina* – ficar em pé em ângulo com o outro homem, em vez de em frente a ele. Quando um homem encara outro, cria uma sensação de conflito e hostilidade, e instantaneamente rompe a conexão entre eles. Então, para evitar que isso aconteça, você se põe em *posição de esquina* com o outro – muda a posição do corpo para ficar em ângulo, algo que tem o efeito imediato de desarmá-lo.

Se você é homem, experimente essa tática um dia. Ficará chocado como parece mais natural do que ficar cara a cara com outro homem. É quase como deixar escapar ar de um balão quando você fica de esquina. Você sente uma imediata liberação de pressão.

Mas para se comunicar com uma mulher é o exato oposto. Se você é um homem tentando influenciar uma mulher, ela quer que você fique diretamente na sua frente e mantenha as mãos acima da cintura, onde pode vê-las.

Inversamente, se você é mulher tentando influenciar outra mulher, então tem de ficar de esquina, exatamente como um homem com outro; contudo, caso esteja tentando influenciar um homem, deve ficar na frente dele. Seja como for, o que você não quer é ser um daqueles temíveis *invasores de espaço* – pessoas que invadem a bolha espacial do outro. (Normalmente, eles também são cuspidores!)

No mundo ocidental, a bolha espacial tem mais ou menos entre 80 centímetros e 1 metro. Você deve manter pelo menos essa distância com o comprador potencial quando estiver em pé ao lado dele. Do contrário, corre o risco de ser classificado como um invasor de espaço. *Cuspidores invasores de espaço* fazem você querer pegar um guarda-chuva e usar como um guarda-cuspe.

Contudo, há uma exceção à regra do invasor de espaço, e é na Ásia. As pessoas tendem a ficar mais próximas na Ásia, marcando uma diferença de mais ou menos 20 centímetros.

A cultura asiática, como todas as culturas únicas, tem suas próprias regras. Em geral, os asiáticos dão especial atenção à linguagem corporal, principalmente no que diz respeito a definir status. Pegue a medida formal, por exemplo. Quem se curva mais, e quem se ergue primeiro, define a hierarquia de poder entre as partes. Na cultura asiática, se curvar é a base de um cumprimento de sucesso, parecido com o que o aperto de mãos é para os americanos. O modo como você aperta mãos diz muito mais sobre você do que você pensa. Ele pode fazer com que você estabeleça uma conexão com alguém muito mais rapidamente, ou pode eliminar essa possibilidade.

Já teve alguém que agarrou sua mão e a sacudiu como se fosse uma boneca de pano? O que você estava pensando enquanto era arrancado de seus sapatos e seus cabelos balançavam? Seria algo como "Mas que inferno há de errado com essa pessoa?".

Quando alguém começa a sacudir a sua mão assim, pode *achar* que está dando uma boa primeira impressão, mas não está. Serve apenas para fazer você pensar no que ele estará tentando provar. *Ele está tentando afirmar seu poder sobre mim? Está tentando me intimidar?* O mesmo vale para o tipo oposto de aperto de mão, a abordagem dita *peixe morto*. Quando a pessoa estende a mão flácida, que pende como um pouco de espaguete cozido demais, e simplesmente fica ali, como se estivesse se lixando. Nós odiamos porque é o grande aperto de mão de poder. É como se a pessoa estivesse lhe dizendo: "Estou me lixando para o que você pensa de mim. Estou tão acima de você que nem perco meu tempo apertando sua mão do modo certo".

O melhor aperto de mão para estabelecer conexão com alguém é chamado aperto de mão do colaborador, um aperto de mão básico, neutro, em que se pega a mão de alguém de frente. Você não está acima ou abaixo, está no mesmo nível, e devolve a mesma pressão que a pessoa aplica. É parte de uma estratégia de estabelecimento de conexão chamada *equivalência*, que diz respeito a entrar no mundo de um comprador potencial e ficar onde ele está. Contudo, neste contexto, *equivalência* significa que se alguém apertar sua mão com firmeza, você deverá apertar a dele da mesma forma – até certo ponto. Quero dizer, você não quer entrar em um uma disputa em que alguém aperta sua mão realmente com força, você tenta apertar a dele ainda mais, ao que ele responde aumentando a pressão, e você tenta superar novamente. Você não quer ser como "Certo, figurão! Eu vou lhe mostrar!". Melhor deixar que ele exagere um pouco, enquanto você sustenta um bom contato visual para que ele saiba que não o intimidou.

Por falar em contato visual, eis um fato interessante: se você não estabelecer contato visual pelo menos 72% do tempo, as pessoas não confiarão em você. Há estudos detalhados sobre o assunto, e 72% é o número. Você pode pesquisar na internet. Qualquer coisa mais e você corre o risco de entrar em uma disputa de encarada com alguém.

O número mágico é 72%. É o suficiente para mostrar que você se importa e que está envolvido na conversa, mas não é *demais*. Basicamente, não é tanto que dê a impressão de que você tem de provar algo.

Mais uma coisa sobre linguagem corporal: observe a posição de seus braços. Alguém que cruza os braços pode deixar transparecer que está fechado a novas ideias. A posição dos braços é um dos elementos mais básicos da linguagem corporal – estar aberto em oposição a fechado – e é muito fácil de identificar.

Mas não é porque alguém está de braços cruzados que está definitivamente fechado a novas ideias. Pode estar apenas com frio, por exemplo. Se eu tivesse escolha, gostaria que os braços do meu comprador potencial estivessem abertos em vez de fechados. Sendo as circunstâncias iguais, costuma querer dizer que alguém está mais aberto às suas ideias. Mas eu decididamente não tomaria isso como o maior sinal.

Quando você presta atenção na linguagem corporal, percebe algo fascinante. Se estou sentado na sua frente com os braços cruzados, e então os descruzo, você fará exatamente a mesma coisa – sem sequer se dar conta. Não é algum tipo de truque mental jedi. É chamado *acompanhar e liderar*. É o nível posterior a *equivalência*, sobre a qual falei há pouco quando conversamos a respeito de apertos de mão. Em *acompanhar e liderar*, você está subindo um ponto, *acompanhando, acompanhando*, e então *liderando* o outro na direção que você deseja. Quando aplicada corretamente, é uma estratégia poderosa, e funciona com tons e linguagem corporal.

Escuta ativa e a arte da equivalência

Antes de irmos mais fundo em acompanhar e liderar, vamos discutir outro conceito importante: *escuta ativa*. É uma forma de escutar alguém que o ajuda a estabelecer conexão com ele. Um dos grandes equívocos sobre tons e linguagem corporal é que só entram em ação quando é você quem fala. O modo como você move o corpo, as expressões faciais que faz, como sorri e todos aqueles pequenos grunhidos e resmungos que emite quando alguém fala com você – tudo é parte da técnica que eu chamo de *escuta ativa* e uma forma poderosa de estabelecer conexão com alguém.

Vamos começar com algo simples como anuir enquanto o comprador potencial está falando. Quando você anui, mostra que entende o que a pessoa está dizendo, que vocês estão em sintonia. O mesmo vale para expressões faciais, como quando seu comprador potencial começa a falar sobre algo muito importante para ele. Você quer olhá-lo diretamente nos olhos, com seus próprios olhos um pouco apertados e a boca torcida para o lado. Então, eventualmente, acrescenta um gesto de cabeça com alguns *arram*, *é* e *entendi*.

Se essa fosse a minha linguagem corporal enquanto você me explicava seus problemas, o que pensaria de mim? Acharia que eu realmente estava escutando? Que de fato me importava?

Sim.

Também há outras expressões faciais – como apertar os lábios e baixar a cabeça um pouco, que indicam tristeza, ou apertar os lábios e anuir lentamente, que indicam simpatia e empatia. O mestre desse tipo de linguagem corporal é o ex-presidente americano Bill Clinton. No auge, ele era o *melhor* de todos. Apertava pelo menos cem mãos por dia, tinha apenas uma fração de segundo para conquistar a confiança de alguém, e conseguia isso todas as vezes. Parecia que desde o instante em que apertava sua mão e você se sentia na zona magnética dele, dava a sensação de que realmente se importava com o outro. Que sentia o seu desconforto.

Quanto às dicas sonoras, os *ah* e *é*, são mais eficazes para *sustentar* a conexão do que para estabelecê-la. Elas permitem que o comprador potencial saiba que você está acompanhando e entende o que está dizendo. As dicas sonoras são ainda mais importantes quando você está ao telefone e não pode se valer da linguagem corporal. Nesse caso, pequenos grunhidos e resmungos são a única forma de permanecer em conexão com o comprador potencial enquanto ele fala.

Quando pessoalmente, porém, você também pode usar a *equivalência* – adotar a mesma fisiologia do comprador potencial para se colocar em conexão com ele. Alguns exemplos são a posição do corpo, a postura e o ritmo respiratório. Mesmo a velocidade com que pisca pode ser acompanhada.

A equivalência é uma ferramenta incrivelmente poderosa para estabelecer conexão com alguém, sobretudo quando se está cara a cara e você pode combinar a linguagem corporal *e* os tons. Mas pode ser extremamente eficaz pelo telefone, caso você se concentre em alinhar os tons da pessoa, o ritmo da fala e o tipo de palavras usadas, incluindo gírias.

E antes que você pense que estou dizendo algo assustador sobre copiar alguém, vamos repassar. Você não está copiando, está *se ajustando*; há uma grande diferença. Copiar alguém é *espelhar*, o que significa tentar refletir as ações físicas do comprador potencial em tempo real, enquanto ele faz isso. Se ele coça o nariz, você coça, e se ele cruza as pernas e recosta no assento, você cruza as pernas e recosta no assento.

É assustador, e também evidente, algo de que eu absolutamente não sou fã.

Mas eu *sou* fã de equivalência, que significa que se o comprador potencial recosta na cadeira, você também recosta na sua, mas o faz lentamente, de forma relaxada, depois de um intervalo de 5 ou 10 segundos. No fim, tudo diz respeito a *semelhança* – as pessoas querem fazer negócios com pessoas que são parecidas com elas, não *diferentes*. Você inicia o processo entrando no mundo de um comprador potencial, o que lhe permite deslizar para uma conexão. Depois quer *acompanhá-lo, acompanhá-lo*, e a seguir *liderá-lo* na direção que deseja que siga. Essa é uma ferramenta poderosa quando você a usa direito.

Lembre-se, há acompanhar, acompanhar, liderar... e há *acompanhar! Acompanhar! Liderar, porra!* Esse é o modo que eu ensino: estilo ninja, anabolizado. O que quero dizer é que o interlocutor não percebe o que está acontecendo. Não se esqueça de que acompanhar é uma daquelas coisas na vida que precisam ser feitas do jeito certo, ou não vai funcionar. Mas quando você faz do jeito certo, olhe! Não apenas isso o ajudará a estabelecer uma conexão muito forte com alguém, como o ajudará a mudar seu estado emocional de negativo para positivo e aumentar o grau de certeza.

Uma história que gosto de contar é a de quando meu filho, Carter, chegou em casa após um treino de futebol furioso com um garoto de seu time, que era um grande fominha. Naquela noite, minha noiva disse: "Carter está realmente aborrecido. Por que você não desce e vê se consegue acalmá-lo?".

Eis o que eu *não* fiz: não desci suave e simpático, como se estivesse tentando acalmá-lo. Não mudei o tom e disse: "Escute, companheiro, sei que você está aborrecido, mas não deveria deixar alguém fazer isso com você. Não faz bem".

Por quê? Porque ele teria ficado ainda *mais* furioso. Teria reagido: "Não ficar aborrecido? O que quer dizer com não ficar aborrecido? O moleque é um maldito fominha! Eu o odeio! Todo mundo o odeia! Ele deveria ser tirado do time!". E eu teria dito: "Ôa, ôa, ôa! Calma, parceiro, não é nada demais! Relaxe por um segundo". E a essa altura ele ficaria ainda mais furioso. Seria algo como: "Babaquice! Eu não vou me acalmar!".

Ao tentar entrar no mundo dele em um estado calmo, quando ele está em um estágio exasperado, eu só o deixaria mais exasperado. Em vez disso, eu me igualei a ele. Entrei me fazendo de tão furioso quanto ele. Até demonstrei estar ainda mais raivoso. Disse em voz alta:

— Que porra é essa, Carter? Eu sei que aquele maldito moleque é um fominha! Temos de fazer algo agora mesmo! Podemos ligar para o técnico e conseguir que ele seja tirado do time?

Ele então correspondeu, como eu sabia que faria. Ficou tão raivoso quanto achou que eu estava e disse:

— É, vamos ligar para o técnico! Vamos tirá-lo do time! Aquele moleque é uma ameaça!

Ao que respondi:

— É, vamos fazer isso, parceiro! — e comecei a baixar a voz, a falar em um tom mais simpático. Depois balancei a cabeça triste e disse: — Não sei, parceiro, fico pensando no que o leva a agir assim. Acha que ele tem algum problema emocional? Suavizei ainda mais minha voz e acrescentei: — É realmente uma vergonha.

Carter também começou a balançar a cabeça de tristeza. Disse em um tom tão simpático quanto o meu:

— É, é mesmo pai. Acho que eu deveria sentir pena dele. Ele provavelmente é infeliz.

E assim ele se acalmou.

Equivalência pode ser um modo de acalmar *qualquer um*, ou deixá-lo empolgado com algo, ou ter certeza sobre algo. Você simplesmente entra no mundo em que a pessoa está e *acompanha, acompanha...* e depois a *lidera* na direção em que deseja que vá.

Eu não inventei acompanhar e liderar. Esse tipo de comportamento existe desde o nascimento da comunicação humana. Todos os grandes comunicadores fazem isso. Fazem naturalmente, sem sequer ter de pensar. Mas *qualquer um* pode aprender assim que conhecer as regras.

Lembre-se, o passo seguinte no sistema, a coleta de informações e o estabelecimento de conexão simultaneamente, é mais sobre o que o comprador potencial lhe dirá e menos sobre o que você dirá a ele. A melhor forma de lhe explicar essa equação é fazer um exercício simples, mas poderoso.

Chegou a hora de você me vender uma caneta.

9
A arte da prospecção

— Venda esta caneta para mim!

Na primeira vez em que disse essa frase a um jovem vendedor pretensioso, eu estava atrás da escrivaninha em meu escritório da Stratton, e o que recebi de volta foi uma resposta muito reveladora:

— Está vendo esta caneta? — guinchou o jovem recruta pretensioso, soando como se tivesse acabado de sair de um pátio de carros usados. — É a caneta mais impressionante que o dinheiro pode comprar. Ela escreve de cabeça para baixo, nunca fica sem tinta, e a sensação em sua mão é ótima. Veja você mesmo, diga como parece ótima.

E assim se inclinou para a frente na cadeira, esticou o braço sobre o tampo da mesa e me ofereceu a mesma caneta descartável que eu lhe dera um momento antes de começar o teste.

Seguindo o roteiro, peguei a caneta, a rolei nos dedos por alguns segundos até deixar que deslizasse para a posição de escrita.

— Impressionante, certo? — ele pressionou.

— Parece uma caneta — retruquei secamente.

— Exatamente o que eu quero dizer! — ele exclamou, ignorando a minha resposta morna. — É como uma grande caneta deve parecer, como se fosse parte de você por anos — acrescentou. — Seja como for, é evidente que você e esta caneta foram feitos um para o outro, então vou lhe dizer o que farei: darei um desconto de 30% no preço-padrão, mas... — disse, erguendo o indicador direito no ar por um momento — apenas se você comprar agora. Do contrário, ela volta ao preço normal. É um grande negócio em qualquer situação, mas com 30% de desconto é o negócio do século. O que me diz?

— O que eu digo? — devolvi. — Além do fato de que você evidentemente é um merda completo?

Nenhuma resposta. O candidato a Strattonita ficou sentado ali, completamente imóvel, com uma expressão de pânico.

— Essa não foi uma pergunta retórica. Você quer que eu ignore que você é um merda completo, sim ou não?"

Ele abriu a boca lentamente para falar, mas as palavras não saíram. Ficou sentado no mesmo lugar com a boca aberta.

— Vou considerar essa atitude como um sim — continuei, decidido a aliviar para o garoto. — Então, deixando esse pequeno detalhe de lado, eu digo que não sou o mercado para uma caneta no momento.

"Eu não quero uma, não preciso de uma, mal uso uma. E se eu um dia de fato decidir comprar uma caneta, não será uma merda como esta. Eu provavelmente pegaria uma Mont Blanc ou algo assim. Mas como você poderia saber disso? — continuei, passando para o objetivo principal do exercício. — Como você poderia saber alguma coisa sobre mim? Desde o instante em que você abriu a boca só o que fez foi cuspir um monte de papo de vendas barato.

"'A caneta é isso' — grasnei, debochando do papo dele de vendedor de carros usados. — 'A caneta escreve de cabeça para baixo, é seu irmão há muito desaparecido...' e blá-blá-blá. Mesmo se você deixasse de lado o fato de que é totalmente ridículo, em algum momento lhe ocorreu me fazer algumas perguntas antes de tentar enfiar uma caneta pela minha garganta abaixo? Como se eu chego a ser o mercado para uma caneta? Tenho em mente uma faixa de preço? Prefiro um tipo de caneta a outra?

"Quero dizer, pense por um segundo: como poderia tentar me vender algo sem saber uma só coisa sobre mim? Isso desafia totalmente a lógica."

O candidato a Strattonita anuiu, envergonhado.

— Então o que eu deveria ter dito?

— Você me diz — retruquei.

Nesse instante, a porta se abriu e Danny entrou no escritório vestindo um terno de 2 mil dólares e uma expressão cínica.

— Você já acabou com este? — ele perguntou.

— Quase — respondi. — Mas estou contente que você tenha aparecido. O momento foi perfeito. Preciso que faça algo para mim.

— O que é? — ele perguntou, cauteloso.

— Quero que você me venda esta caneta! — declarei, pegando outra caneta no tampo da mesa e esticando a mão na direção dele.

Danny me lançou um olhar.

— Você quer que eu lhe venda uma caneta. Sério?

— É — devolvi. — Mostre ao garoto como se faz. Venda esta caneta para mim.

— Ok, vou vendê-la a você — ele murmurou, pegando a caneta e a examinando por um tempo. E, de repente, mudou de postura totalmente, me lançou um sorriso caloroso e disse, em um tom respeitoso: — Então me diga, Jordan, há quanto tempo você está no mercado em busca de uma caneta?

— Eu não estou — respondi. — Eu não uso canetas.

— Mesmo? Então pegue de volta essa caneta vagabunda — e jogou a caneta de volta na mesa.

Depois, olhou para o garoto e disse:

— Eu não vendo coisas para pessoas que não precisam delas. Eu deixo isso para os novatos, como você.

***

Embora a moral da história pareça evidente, há muito mais em ação do que pode ser visto. Então, deixe-me abordar uma coisa de cada vez, começando pelo óbvio:

Primeiramente, deve estar claro para você a esta altura que tentar vender alguma coisa a alguém que não precisa daquele produto nem quer é uma besteira e completa perda de tempo.

Um vendedor Linha Reta, e qualquer vendedor *profissional*, nunca consideraria sair falando sem pensar desse modo. Em vez disso, estudaria seus compradores potenciais o mais rápido e da forma mais eficiente possível, separando aqueles interessados daqueles que não estão.

No jargão de vendas, esse processo de separação é chamado de "qualificar um comprador potencial", e o principal método pelo qual um comprador potencial é *qualificado* é respondendo a uma série de perguntas feitas pelo vendedor.

Em geral, é um processo definido e simples, utilitário por natureza e que vai direto ao ponto. Se ao responder às suas perguntas ficar claro que o comprador potencial precisa do que você está vendendo e pode pagar, ele é qualificado. Simples assim.

E, então, você usa o Sistema Linha Reta, em que a palavra "qualificação" nunca é pronunciada, sob pena de... não *morte*, mas pelo menos *vergonha*.

Aqui, nós nos referimos a esse processo como "prospecção Linha Reta", e o principal método pelo qual fazemos nossa escolha é pela *coleta de informações*.

***

Se você se recorda, eu abordei esse tópico no fim do capítulo 2, quando contei a história da noite em que inventei o Sistema Linha Reta.

Quando você coleta informações, expliquei, quer saber tudo que for possível sobre seu comprador potencial, desde que seja relevante para fechar a venda – incluindo necessidades, crenças, valores, hierarquia de valores (como a importância relativa de cada valor), experiências passadas com produtos similares, experiências anteriores com outros vendedores, situação financeira pessoal (no que diz respeito a comprar seu produto) e seus pontos de desconforto primário e secundário.

Além disso, expliquei naquela noite – e quero voltar a enfatizar, indo mais fundo – o fato de que a sua capacidade de coletar informações estará diretamente relacionada a quão poderosa foi a primeira impressão que você causou no comprador potencial naqueles primeiros quatro segundos.

Em outras palavras, a única forma de o comprador potencial responder às suas perguntas honesta e diretamente é você ser visto como um especialista em sua área e uma pessoa cuja confiança, eloquência e entusiasmo embutido o tornaram um profissional que decididamente merece ser ouvido, alguém que pode ajudar o comprador a atingir suas metas e resolver seu desconforto.

Sem isso não há razão para que o comprador potencial perca seu tempo se abrindo com você ou corra o risco de constrangimento ou de perda de confidencialidade que poderiam resultar dessa situação. Ele só lhe dará respostas desinteressadas às suas perguntas ou, mais provavelmente, tentará assumir o controle da venda, fazendo com que tudo saia de controle.

Vi isso acontecer milhares de vezes.

Um vendedor novato tenta qualificar um comprador potencial e só consegue que ele responda às perguntas com outras, até que a coisa toda se torna um caos. É um exemplo perfeito da metáfora com Mike Tyson que usei no fim do capítulo 2. A única diferença é que em vez de receber uma montanha de golpes devastadores, você recebe uma montanha de perguntas devastadoras – devastadoras no sentido de que fazem com que você saia da Linha Reta e rodopie na direção de Plutão ou, pior ainda, *Your-anus*.

Inversamente, quando você está no controle, essa montanha para. Ao se dar conta de que está na presença de um especialista em sua área, o comprador potencial se sente compelido a respeitar você e permite que faça quantas perguntas achar necessário, sem interrupção.

Esse último ponto é absolutamente crucial, porque na ausência de interrupções as perguntas podem ser feitas de modo e em sequência que permitem uma sessão de coleta de informações suavemente produtiva, e também aumentam sua capacidade de estabelecer uma conexão com o outro. Mas estou me adiantando.

Prospecção Linha Reta tem mais partes móveis que qualquer outro passo da sintaxe, então a forma mais eficaz de ensinar isso é começar pelo quadro geral.

***

Vou ampliar e oferecer uma rápida visão da relação entre marketing e vendas – no que diz respeito a como operam um com o outro para transformar bens e serviços de uma empresa em dinheiro – e de como a prospecção Linha Reta funciona como a ponte entre os dois.

Você tem *marketing* de um lado da equação e *vendas* do outro. O objetivo do *marketing* é:

1. Pesquisar o mercado para identificar os melhores compradores potenciais para um determinado produto.
2. Desenvolver uma estratégia eficaz que leve a mensagem da empresa até o maior número possível desses compradores potenciais.
3. Dotar a mensagem de algum tipo de oferta, isca ou apelo que leve o maior número possível desses compradores potenciais a entrar no funil de vendas da empresa.
4. Coordenar com o departamento de vendas para garantir uma transferência perfeita daqueles que já passaram pelo funil, para que compradores potenciais possam ser transformados em clientes.

No mundo atual, há dois tipos de marketing.

Primeiro, você tem o marketing off-line, que inclui tudo que acontece fora da internet – anúncios de rádio e TV, anúncios de jornais e revistas, *outdoors*, mala direta, telemarketing,

marketing de rede, marketing educativo, campanhas de porta em porta etc. E, em segundo lugar, temos o marketing on-line, que inclui tudo que acontece na internet – anúncios no Google, Facebook, Twitter e YouTube, banners, páginas de destino, *opt-in*, campanhas de *retargeting*, *e-mail blasts*, programas de afiliados, otimização de buscas e muito, muito mais.

Qualquer que seja a modalidade de marketing escolhida por uma empresa, o objetivo final é sempre o mesmo: conduzir o maior número possível de compradores qualificados para o seu funil de vendas, para que eles cheguem ao departamento de vendas e sejam transformados em consumidores.

Bastante direto, certo?

Na verdade, nem tanto.

Não importa quão cuidadosamente você mire a campanha de marketing, não há como fazer com que todos os compradores potenciais que entram pelo funil de vendas acabem sendo um comprador qualificado. Na maioria dos casos, se metade desses compradores potenciais se revelar comprador qualificado, você está se saindo muito bem.

A prospecção Linha Reta diz respeito a isso: escolher entre os compradores potenciais que passam pelo funil de vendas para eliminar aqueles que não se qualificam para comprar o seu produto – desse modo, evitar perder seu tempo fazendo uma apresentação de vendas completa para eles.

Em qualquer campanha de marketing há quatro categorias de compradores que passaram pelo funil de vendas. Nós os chamamos de arquétipos de compra.

O primeiro arquétipo é chamado *comprador acalorado*.

Esses são basicamente os *melhores* compradores, os mais motivados. Esses compradores potenciais querem seu produto, precisam de seu produto, podem se beneficiar de seu produto, podem pagar pelo seu produto e, mais importante, estão preparados para tomar uma decisão de compra imediatamente.

Como todos os compradores legítimos, *compradores acalorados* têm um determinado desconforto que buscam resolver; contudo, o que os distingue do restante do bando é que já tomaram a decisão de fazer algo em relação a isso. Eles se cansaram de esperar, estão prontos para agir. Chegaram ao ponto em que não estão mais dispostos a tolerar o desconforto, fruto de uma necessidade não resolvida. Então, decidiram ser proativos.

O único senão desse grupo de compradores prontos é que não há muitos deles. Dependendo do setor em que você está e de como sua campanha de marketing foi orientada, você descobrirá que algo entre 10% e 20% do total de compradores potenciais que passaram por seu funil de vendas se encaixam nessa categoria, o restante estará dividido entre as outras três.

O segundo arquétipo de compra é chamado *comprador com poder*.

Esse é o segundo melhor grupo de compradores. A principal diferença entre os dois primeiros arquétipos é que os compradores com poder não estão sentindo conscientemente nenhum desconforto por causa de sua necessidade não atendida, o que faz com que não tenham o mesmo grau de urgência dos compradores acalorados.

Enquanto os compradores com poder têm grande intenção de comprar o tipo de produto que você está vendendo, sua falta de urgência faz com que se sintam em uma posição de poder, de modo que não puxarão o gatilho até ter pesquisado e estar absolutamente certos de que encontraram a melhor solução para o seu problema.

Ainda assim, esses são excelentes compradores potenciais (e também há muito mais deles do que de compradores acalorados). Em média, algo entre 30% e 40% do total de compradores potenciais que passam pelo funil de vendas acaba caindo nessa categoria.

No fim das contas, são os compradores potenciais nessas duas categorias – *compradores acalorados* e *compradores com poder* – que passarão pela fase de coleta de informações e continuarão a jornada pela Linha Reta. Os compradores potenciais dos dois últimos arquétipos de compra precisam ser eliminados o mais rápido possível, especialmente aqueles que se encaixam no terceiro arquétipo:

Os temidos *curiosos*.

Também conhecidos como "chutadores de pneus", os curiosos são os compradores potenciais mais perigosos a passar pelo funil de vendas. O que os torna tão destrutivos é que eles se disfarçam de compradores com poder – agem como se estivessem interessados em comprar seu produto –, embora não tenham nenhuma intenção de fazer isso. Consequentemente, eles continuam sua jornada pela Linha Reta, em vez de ser eliminados durante a fase de coleta de informações, como deveria ser.

O dano resultante se dá em dois níveis:

Primeiro (e mais óbvio), isso causa um enorme desperdício de tempo, já que você acaba fazendo apresentações de venda completas para compradores potenciais que não têm intenção de comprar. E, em segundo lugar (e ainda mais prejudicial), ocorre uma confusão e uma negatividade quando um vendedor novato tenta descobrir por que sua taxa de fechamento de vendas é tão baixa. "Tem alguma coisa errada comigo?", o vendedor fica imaginando. São seus argumentos? O vendedor não está apresentando um quadro suficientemente lógico? Um caso emocional? Ou talvez o vendedor esteja fracassando no final, durante a fase de lidar com as objeções? Afinal, o comprador potencial permaneceu interessado o tempo todo – dando ao vendedor sinal de compra após sinal de compra até o final – e não comprou.

Está vendo o problema aqui?

Por não ter ideia de que entre 30% e 40% de seu funil de vendas está cheio de perdedores de tempo profissionais (disfarçados de compradores com poder), os vendedores acabam passando a maior parte do tempo fazendo apresentações de vendas para compradores potenciais que não têm intenção de comprar.

A boa notícia é que identificá-los não é muito difícil.

Há quatro sinais claros que o alertarão para o fato de que você está desperdiçando seu tempo com um curioso:

1. Eles tendem a fazer muitas perguntas para as quais já parecem saber as respostas.
2. Eles fazem questão de *chutar os pneus* do que quer que você esteja vendendo, quase chegando ao ponto de chutar *demais*.
3. Eles soltam um grande número de *ohs*, *ahs* e *és*, para reforçar a ideia de que estão genuinamente interessados.
4. Eles se tornam espalhafatosamente confiantes ou desnecessariamente vagos quando questionados sobre suas finanças.

Mais uma vez, não é possível superestimar a importância de estar hipervigilante no que diz respeito a identificar e eliminar os curiosos o mais rapidamente possível. Você acabará evitando muita dor em longo prazo.

Isso nos leva ao quarto e último arquétipo de compra, ao qual me refiro como *os erros*, ou "as pessoas que foram arrastadas para cá". São pessoas que nunca deveriam ter passado pelo funil de vendas. Ou clicaram no site errado na internet, apareceram em sua empresa equivocadamente, ou simplesmente foram arrastadas para o funil de vendas por outra pessoa.

Qualquer que seja o caso, a característica comum entre todos os *erros* é que, para começar, eles não tinham nenhum desejo de passar pelo funil de vendas, então você não tem qualquer chance de fechar negócio com eles.

Resumindo, os três objetivos principais da prospecção Linha Reta são os seguintes:

1. Identificar os curiosos e os erros e retirá-los de seu funil de vendas o mais rápido possível.
2. Coletar as informações necessárias dos compradores acalorados e dos compradores com poder e continuar a conduzi-los pela Linha Reta em direção ao fechamento.
3. Começar o processo de transformar compradores com poder em compradores acalorados amplificando seu desconforto.

No que diz respeito ao número 3, há muito mais nesse conceito do que se pode discutir agora, e vamos retornar a ele quanto chegarmos ao capítulo seguinte, que cobre as dez distinções fundamentais da prospecção Linha Reta.

Chegou a hora de levá-lo da teoria da prospecção Linha Reta para sua aplicação no mundo real.

O próximo capítulo irá mostrar exatamente como chegar lá.

10
As dez regras da prospecção Linha Reta

Quando você está aplicando devidamente o processo de prospecção Linha Reta, está fazendo as seguintes coisas:

1. Está selecionando os compradores potenciais em seu funil de vendas e fazendo a eles uma série de perguntas preparadas estrategicamente.
2. Está usando essas perguntas para coletar informações e também para separar os compradores acalorados e os compradores com poder dos curiosos e dos erros.
3. Está continuando a coletar informações dos compradores acalorados e dos compradores com poder, ao mesmo tempo em que elimina os curiosos e os erros de seu funil de vendas o mais rápido possível.
4. Está levando os compradores acalorados e os compradores com poder ao passo seguinte da sintaxe, para que possam continuar sua jornada pela Linha Reta.

No que diz respeito às dez regras de prospecção, elas têm como objetivo dar a você tudo de que precisará para criar um esquema prático para coletar informações em sua área.

Enquanto você estuda cada regra, deve continuar estabelecendo relações entre elas e sua própria situação – fazendo qualquer mudança necessária em seu atual método de prospecção. Para isso, se você tem um roteiro de prospecção ou uma lista de perguntas de coleta de informações, melhor colocá-los na sua frente antes de começarmos.

Então, pegue-os, e vamos em frente.

Regra nº 1: seja um separador, não um alquimista.

Imagine-se como um daqueles antigos prospectores de ouro, que se ajoelham ao lado de um córrego com sua bateia de confiança, girando milhares de litros de água enquanto esperam pacientemente que uma pepita de ouro caia nela.

É uma imagem que vimos inúmeras vezes nos filmes e na TV: um velho minerador, barba desgrenhada, esperando à margem de um córrego. Ele espera lá o tempo necessário, sabendo muito bem que mais cedo ou mais tarde uma pepita de ouro surgirá.

Contudo, o que ele *não* está esperando é que a própria água se transforme em ouro. Isso é trabalho para um *alquimista*, não para um prospector.

Entende o que quero dizer?

Água é água, ouro é ouro: são dois elementos diferentes que não se convertem um no outro por mágica, assim como curiosos e erros não se convertem em compradores acalorados ou compradores com poder.

É por isso que um vendedor tem de se tornar um especialista em seleção, não um alquimista. Simplesmente não pode ser assim.

Regra nº 2: peça permissão para fazer perguntas.

Por mais fácil que seja fazer isso, virtualmente todos os vendedores não treinados a ignoram, por não terem consciência do impacto negativo que isso tem em sua capacidade de estabelecer conexão.

De forma simples, a não ser que você peça permissão para fazer perguntas, corre um risco extremamente alto de ser visto como um tipo Grande Inquisidor, em vez de um conselheiro confiável, e o tipo Grande Inquisidor não "se importa com você", nem é "como você", as duas forças motrizes por trás da conexão.

Contudo, a boa notícia é que tudo de que você precisa para evitar esse resultado é se lembrar de pedir permissão para fazer perguntas. Simples assim.

Abaixo, estão alguns padrões de linguagem que vão direto ao ponto e se provaram eficazes.

- "John, apenas duas perguntas rápidas para que eu não desperdice seu tempo."
- "John, deixe-me fazer duas perguntas rápidas para melhor atender você."
- "John, deixe-me fazer duas perguntas rápidas para saber quais são exatamente suas necessidades."

Qualquer um dos exemplos acima o levará a uma sessão de coleta de informações sem confronto, que permite o estabelecimento de uma conexão.

Além disso, quero que você repare em como eu uso a palavra "para" na segunda metade dos três exemplos. Nesse contexto, nos referimos à palavra "para" como uma justificadora, porque justifica sua necessidade de fazer perguntas de prospecção, em vez de fazer isso por curiosidade ou intrusão.

De maneira que você possa fazer seu trabalho corretamente, há certas coisas que precisa saber em sua posição de especialista. Ao usar uma justificadora, você transmite isso ao comprador potencial de modo alto e claro, o que abre caminho para uma sessão de coleta de informações ainda mais produtiva.

Regra nº 3: use sempre um roteiro.

Vou falar rapidamente sobre esta regra, já que todo o próximo capítulo é dedicado à criação de roteiros e de que modo eles levam a uma apresentação coerente.

Uma das principais razões pelas quais você sempre quer usar um roteiro para a prospecção é que cada setor tem seu próprio conjunto de perguntas que precisam ser feitas em uma determinada ordem.

Se você tentar improvisar – em vez de ter todas as suas perguntas relacionadas antecipadamente, na ordem certa –, as chances de se lembrar de todas as perguntas, ou fazê-las na ordem certa, são quase nulas, e cada erro que cometer terá um impacto negativo em sua capacidade de coletar informações.

Outro grande benefício de usar um roteiro de prospecção é que, como você já sabe quais palavras dirá, sua mente consciente está liberada para se concentrar em aplicar o tom certo às suas palavras, bem como no que seu comprador potencial diz a você.

Há alguma pista na expressão facial dele, no tom de voz ou na linguagem corporal geral?

Vou tratar disso mais detalhadamente no próximo capítulo, então vamos em frente.

Regra nº 4: Vá de perguntas menos invasivas para mais invasivas.

Ao fazer primeiramente perguntas não invasivas, você se dá a oportunidade de começar a estabelecer uma conexão ou escutar ativamente as respostas do comprador potencial. É quase como retirar as camadas de uma cebola. Cada pergunta não invasiva que seu comprador responde cria uma conexão mais forte, que abre caminho para que você faça perguntas paulatinamente mais invasivas.

Deixe-me mostrar como funciona a abordagem errada, usando como exemplo a coleta de informações de um rico comprador potencial por um corretor de ações.

Depois de uma breve introdução, durante a qual o corretor assumiu o controle da venda se mostrando um especialista, ele passou para a fase de coleta de informações pedindo permissão para fazer perguntas usando o tom de *homem razoável*, ao que o comprador potencial respondeu "Claro, vá em frente", que é como você espera que virtualmente todos eles reajam – desde que você tenha se estabelecido como um especialista e pedido permissão para fazer perguntas usando o tom correto.

Então, vem a primeira pergunta do corretor, que é:

— John, me diga, quanto dinheiro líquido você tem no momento — incluindo as contas correntes pessoais e as diferentes carteiras de ações em Wall Street? Ah, por falar nisso, inclua, por favor, fundos mútuos que tenha, desde que possa liquidá-los em até sete dias.

— Como é? — reage o comprador potencial, em tom de incredulidade. — Eu nem mesmo o conheço. Por que eu lhe diria isso?

— Ah, eu lamento — diz o corretor, em tom de desculpas. — Vamos começar com outra pergunta. Qual foi sua renda anual ano passado, incluindo ganhos de capital?

Sem resposta.

— Apenas uma estimativa — acrescenta o corretor, tentando estimular o comprador potencial a respondê-lo. — Pode arredondar...

Clique!

— Alô? — diz o corretor para uma linha muda. — Você ainda está aí, John? Alô... alô?

E, assim, a venda terminou antes mesmo de começar.

Com uma bufada, o comprador potencial bateu o telefone na cara do corretor, e com toda razão.

Afinal, o corretor ainda não conquistara o direito de fazer aquele tipo de pergunta. Não dispunha do grau de confiança e de conexão necessários e também não tinha do seu lado a vantagem de um aspecto intangível da comunicação humana – o efeito amenizante da *dessensibilização*.

Os psicólogos definem a dessensibilização como uma reação emocional reduzida a um estímulo adverso após a exposição repetida a ele. Em termos leigos, significa que temos uma tendência a nos acostumar rapidamente às coisas.

Por exemplo, algo que você consideraria altamente ofensivo – como ouvir uma pergunta invasiva de alguém que você mal conhece – o levaria a erguer as sobrancelhas após alguns minutos de dessensibilização; e isso é particularmente verdadeiro no que diz respeito a alguém coletando informações suas, como resultado do efeito suavizante de, de repente, se descobrir em conexão com a pessoa que faz as perguntas.

Mais uma vez, não é possível superestimar como é fundamental essa distinção para garantir um resultado positivo de uma sessão de coleta de informações.

Ignore isso por sua própria conta e risco.

Regra nº 5: faça cada pergunta usando o tom certo.

No capítulo 11, que detalha como fazer uma apresentação de vendas, eu darei uma lista de perguntas gerais que se provaram eficazes em qualquer setor, juntamente com o tom que as acompanha.

Por enquanto, o que você precisa entender é que cada pergunta ao comprador potencial tem seu "melhor" tom, que aumenta a chance de o comprador lhe dar a resposta mais direta, ao mesmo tempo que garante que você sustente a conexão no processo. Inversamente, se aplicar o tom errado à pergunta, o comprador potencial responderá, na melhor das hipóteses, desinteressadamente, e embora você possa evitar romper a conexão, a prejudicará um pouco.

Eis um rápido exemplo.

Digamos que você é um vendedor de seguros de vida e está na casa de um comprador potencial, tentando vender a ele uma apólice. Considerando que seguro de vida é uma venda baseada em medo, é fundamental que seu esforço de coleta de informações revele o ponto de desconforto primário dele, mas também o amplifique, já que isso será determinante para garantir a venda.

Eis um exemplo de pergunta invasiva que você poderia fazer para iniciar o processo de revelar a fonte de desconforto: "John, qual é o seu maior medo por não ter um seguro de vida no momento? O que o mantém acordado à noite?".

Imagine se você der a essas palavras um tom duro, quase agressivo, como se o estivesse censurando por ser tão tolo e irresponsável de não ter um seguro de vida adequado.

Será como se você dissesse a ele: "Qual é o seu maior medo, John? Diga! Conte! Vamos lá! Conte!".

Claro que você não disse essas palavras adicionais – *Diga! Conte! Vamos lá! Conte!* –, mas é o que ele ouviu como resultado da capacidade do tom de adicionar palavras às nossas comunicações. E o que ele também ouviu foi o seu monólogo interior dizendo: "Esse cara é um babaca completo! Ele não liga para mim, não sente o meu desconforto e não é simpático ao meu sofrimento".

Em oposição, se você tivesse usado o tom "eu me importo", juntamente com o "eu sinto seu desconforto", as palavras adicionais que o comprador potencial teria ouvido seriam: "Uau, esse cara realmente se importa comigo, ele realmente quer saber".

Se você der o tom errado à sua pergunta, portanto, isso fará com que rompa a conexão com o comprador potencial, ao mesmo tempo danificando sua credibilidade como especialista. Inversamente, se der o tom certo à pergunta, isso fará aumentar seu grau de conexão, reforçando do mesmo modo sua posição como especialista.

Lembre-se, isso se aplica a todas as perguntas que você fizer durante a fase de coleta de informações. Não há perguntas "livres" disso.

Regra nº 6: use a linguagem corporal correta enquanto o comprador potencial responde.

Ela também remete ao que abordei no capítulo 8, quando apresentei o princípio de *escuta ativa* da linguagem corporal, bem como à regra nº 4 deste capítulo, na qual a sua capacidade de escutar ativamente as respostas de seu cliente às suas perguntas serve como estratégia central para estabelecer conexão à medida que você avança pelo processo de coleta de informações. Até porque seu objetivo é conseguir uma nota alta enquanto se prepara para chegar ao principal de sua apresentação de vendas.

Consequentemente, você precisa estar bem atento a todas as regras de escuta ativa que apresentei anteriormente. Abaixo, há uma lista de técnicas de escuta ativa que você usará com maior frequência durante a fase de coleta de informações:

1. Anuir enquanto o comprador potencial fala. Isso mostra que você entende o que ele está dizendo e está em sintonia.
2. Apertar os olhos e franzir os lábios ao mesmo tempo em que anui lentamente quando o comprador potencial está contando algo muito importante para ele.
3. Apertar ainda mais os olhos e franzir os lábios mais intensamente caso o tema anterior disser respeito a um dos pontos de desconforto do comprador potencial. Você continua a anuir lentamente enquanto emite os devidos *uhns* e *ahs* para mostrar que sente o desconforto do comprador potencial.
4. Inclinar-se para a frente ao fazer uma pergunta de peso emocional e continuar a fazer isso enquanto o

comprador potencial responde (usando as técnicas de escuta ativa citadas no número 3).
5. Recostar ao fazer uma pergunta de base lógica, continuar recostado e anuir de modo compreensivo, coçar o queixo pensativo enquanto o comprador potencial responde.

Embora a lista pressuponha que o encontro de vendas se dê pessoalmente, para muitos de vocês nem sempre será o caso. Quando o encontro for pelo telefone, sua escuta ativa se resumirá aos vários *uhns*, *ahs* e *és* que você emite enquanto o comprador potencial responde às suas perguntas. Isso fará com que ele saiba que você continua em sintonia e entende o que está dizendo.

Regra nº 7: siga uma trilha lógica.

O cérebro humano tende a analisar uma série de perguntas e determinar se elas são ou não feitas em uma ordem lógica. Caso não sejam, isso servirá como uma grande bandeira vermelha indicativa de que a pessoa que as faz não é um especialista em sua área.

Imagine ouvir a seguinte série de perguntas de coleta de informações, feitas exatamente nesta ordem:

1. Em que parte da cidade você mora?
2. É casado ou solteiro?
3. Que tipo de trabalho faz?
4. Há quanto tempo mora aí?
5. Tem filhos?
6. Do que gosta mais em seu bairro?
7. Trabalha por conta própria ou para alguém?

Francamente, se você ouvisse essas perguntas em uma situação de vendas, ao chegar à quarta seu monólogo interior estaria disparado a 90 quilômetros por hora, dizendo coisas como: "O que há de errado com esse sujeito? Ele antes parecia um especialista, mas não tem ideia do que está falando. Vamos acabar com esse absurdo o mais rápido possível e encontrar um especialista de verdade, não um impostor como esse sujeito".

Você acha que estou exagerando? Não estou.

A boa notícia é que tudo isso pode ser evitado facilmente. Você só precisa de um tempo para fazer uma pequena preparação estratégica – neste caso específico, significa preparar uma lista completa de suas perguntas de prospecção, depois organizá-las em diferentes ordens até encontrar aquela que se destaca como sendo a mais lógica. (Acredite em mim quando digo que a ordem certa será evidente. Será fácil para você agora, porque aumentou seu grau de consciência.)

Vamos fazer uma experiência rápida, usando a lista de perguntas anterior. Como você se lembra, eu as arrumei fora de uma sequência lógica. O que quero é que você pegue papel e caneta (ou use *smartphone* ou computador) e faça uma lista com as sete perguntas na sequência mais lógica.

Assim que tiver feito isso, confira a ordem certa abaixo.

1. Em que parte da cidade você mora?
2. Há quanto tempo mora aí?
3. Do que gosta mais em seu bairro?
4. É casado ou solteiro?
5. Tem filhos?
6. Que tipo de trabalho faz?
7. Trabalha por conta própria ou para alguém?

Repare como essas perguntas fazem todo sentido nesta ordem.

Cada pergunta abre caminho para a seguinte e cada resposta do comprador potencial começará a traçar um quadro de determinado aspecto de sua vida, que você pode detalhar ainda mais fazendo outras perguntas com base nas respostas anteriores.

Ao fazer as novas perguntas, se assegure de esgotar cada tema abordado antes de passar para o seguinte. E não fique indo e vindo entre as perguntas preparadas e as novas, já que isso rompe o fluxo lógico.

Lembre-se, a essa altura da venda é raro que um equívoco seja suficientemente danoso para causar um nocaute instantâneo; em vez disso será mais uma morte por mil cortes.

Cada um de seus equívocos e incongruências – seja fazer uma pergunta fora da sequência lógica, dar o tom errado a ela, ser abertamente invasivo antes de ter conquistado o direito a isso ou se esquecer de escutar as respostas do comprador potencial – consumirá lentamente a conexão que você se esforçou tanto para estabelecer, ao mesmo tempo que abalará sua posição como especialista, até chegar ao ponto em que mais um equívoco será suficiente para ser a famosa última gota.

Regra nº 8: faça anotações mentais, não resolva o desconforto dele.

Quando estiver qualificando um comprador potencial, tudo o que você deve fazer é formular perguntas e registrar anotações mentais com base em suas respostas. Você não quer solucionar o desconforto dele neste momento. Quer amplificar esse desconforto.

Lembre-se: o desconforto serve como sinal de alerta de que há algo errado na vida dele – algo que ele precisa resolver –, e se você eliminar isso antes de fazer a sua apresentação, estará fazendo a ele um enorme desserviço.

Quando um comprador potencial lhe revela seu desconforto, você não quer se precipitar e dizer: "Ah, ótimo! Você não precisa mais se preocupar! Meu produto vai eliminar o seu desconforto, você não tem mais motivo para se sentir mal. Simplesmente sente-se e relaxe enquanto eu lhe explico tudo".

Se fizer isso, estará atirando em seu próprio pé. Ao aplicar um bálsamo temporário em seu desconforto, você estará transformando o comprador potencial de um comprador acalorado em um comprador com poder, exatamente o oposto do que quer fazer.

Em vez disso, você quer amplificar o desconforto fazendo uma série de perguntas novas que o levem a um passeio ao futuro – o forçando a experimentar a realidade de sentir ainda mais desconforto em determinado momento caso não tome uma providência para resolver isso.

Tal fato garantirá que o comprador potencial entenda as consequências de não tomar providências para resolver seu desconforto, e sinta essas consequências em suas entranhas.

Regra nº 9: termine com uma transição poderosa.

O objetivo de uma transição é levar aqueles compradores potenciais que continuarão a percorrer a Linha Reta até o passo seguinte do processo de vendas, quando você faz a apresentação de vendas Linha Reta.

Além disso, você irá eliminar os curiosos e os erros, bem como quaisquer compradores acalorados e compradores com poder que não são certos para o seu produto.

O fato é que nem todo comprador com poder e comprador acalorado deve ser levado mais adiante pela Linha Reta. Se o seu produto não combinar bem com eles, você terá a obrigação moral de dizer isso – explicar que não pode ajudá-los, e que realmente não deveriam comprar.

Você deve dizer algo como: "John, com base em tudo que você acabou de me contar, este programa não é particularmente bom para você. Lamento, mas não quero lhe vender algo que não o deixará empolgado".

E se você por acaso souber de outra empresa que possa ajudá-lo, deve encaminhá-lo a ela. Claro que você não é moralmente obrigado a fazer isso, mas é a coisa certa a fazer.

Lembre-se, o comprador potencial não qualificado de hoje pode ser o comprador perfeitamente qualificado de amanhã, e a boa vontade que você criou o encaminhando a outro lugar é inestimável. Houve situações em que fiz exatamente isso, e antes mesmo de deixar a mesa o comprador potencial começou a ligar para os amigos para tentar conseguir negócios para mim; e também houve casos em que um ano depois recebi um telefonema de alguém por quem fizera isso, e a pessoa estava pronta para comprar.

Vamos falar sobre o outro lado da equação – em que, depois de coletar todas as informações necessárias, você está 100% certo de que seu produto pode resolver o desconforto do comprador potencial e melhorar a sua qualidade de vida.

Nesse caso, você deve usar uma transição simples como esta: "John, com base em tudo que você acabou de me contar, este programa decididamente é perfeito para você. Deixe-me contar por que...".

Você pode substituir a palavra "programa" por "produto", ou usar o nome dele.

Nesse caso, seria algo assim: "John, com base em tudo que você acabou de me contar, a TV Samsung 64 polegadas decididamente é perfeita para você. Deixe-me contar por que...".

E pode, então, entrar na parte principal de sua apresentação de vendas.

Regra nº 10: permaneça na Linha Reta, não saia rodopiando para Plutão.

Em 2009, fui contratado por um organizador de seminários de Londres para fazer um treinamento de vendas particular para vinte jovens vendedores da empresa, que estavam se saindo tão mal que nem mesmo conseguiam fechar uma porta.

Quando estava na metade do primeiro dia de treinamento, passei pela mesa de um dos vendedores e o ouvi saindo pela tangente com um papo maluco sobre caça ao pato nos pântanos do sul da Inglaterra.

O assunto de caça ao pato fora levantado pelo comprador potencial em resposta a uma pergunta-padrão de coleta de informações que o vendedor fizera alguns minutos antes, uma pergunta-padrão que não tinha absolutamente nada a ver com atirar em um bando de patos inocentes. (A pergunta que ele fizera fora: "Que tipo de trabalho faz atualmente?".)

Para ser claro, o comprador potencial não começou sua resposta falando sobre caça ao pato; em vez disso respondeu à pergunta feita – dizendo ao vendedor que era gerente de nível intermediário de uma fábrica de roupas em Kent –, mas em vez de parar por aí, o comprador potencial decidiu rodopiar para Plutão contando uma longa história sobre como a caça ao pato nos pântanos de Kent era a melhor de toda a Inglaterra.

Esse tipo de resposta composta em que o comprador potencial começa respondendo à sua pergunta e termina rodopiando para Plutão é muito comum na fase de coleta de informações e de modo algum problemático.

O que é problemático, porém, é o modo desajeitado como o vendedor lidou com isso.

— Ah, meu Deus! — ele exclamou, como se estivesse totalmente encantado. — Mas que coincidência! Eu também adoro caçar patos! Quero dizer, quais são as chances de você e eu adorarmos caçar patos? Nem posso lhe dizer quanto... — e o vendedor continuou conversando com o comprador potencial por quinze minutos – *quinze minutos!* –, dizendo toda essa baboseira de como a pessoa fica empolgada por dar tiros em um bando de patos inocentes que não conseguem revidar.

Não me entenda mal: eu não sou contra caça ao pato mais do que sou a favor, embora goste de pensar que se alguém vai tirar a vida de um pato distraído, pelo menos deva ter a gentileza de cobrir o sujeitinho de molho de laranja e transformá-lo em uma refeição *gourmet*. Seja como for, muito mais importante é entender como foi equivocada a estratégia daquele vendedor. Deixe-me explicar o que quero dizer.

Um momento depois de o vendedor ter batido o telefone, derrotado, se virou para mim e murmurou:

— Maldição! Eu estava tão perto. Não consigo acreditar que deixei esse escapar.

— Não, você não estava perto — retruquei. — Você nunca teve nenhuma chance. Estava ocupado demais falando sobre caça ao pato. Imagino que você tenha inventado aquela merda toda, certo? Quero dizer, você não me parece um caçador de patos. De onde você é, Índia?

— Sri Lanka — ele respondeu timidamente, olhando para o chão para evitar contato visual.

— Sri Lanka. Não é exatamente a capital mundial de caça ao pato, é? — eu disse, esboçando um risinho. — Seja como for, por que você mentiu para o cara desse jeito? O que achou que iria conseguir?

— Eu estava tentando estabelecer uma conexão, como você disse esta manhã — ele falou, na defensiva.

"*Uau, lição aprendida!*", disse a mim mesmo. "*Esta é a última vez que insisto em como algo é importante sem explicar como fazer isso.*"

— Bastante justo — disse ao vendedor. — É culpa minha. Mas, para ficar registrado, você fez exatamente o oposto do que eu quis dizer.

Dez minutos depois, eu levara toda a força de vendas de volta à sala de treinamento, e estava em pé diante do meu confiável quadro branco preenchendo as lacunas da minha sessão de treinamento da manhã.

— Deixem-me lhes contar uma coisinha sobre estabelecer conexão — eu disse, confiante. — Essa é de longe a palavra mais malcompreendia do idioma. O que a maioria das pessoas acha que estabelece uma conexão é repulsivo, isso afasta as pessoas em vez de atraí-las, o exato oposto do que você tenta conseguir com a conexão.

— Depois de escutar muito do discurso de vendas de vocês esta manhã, é evidente que vocês acham que fingir gostar daquilo que o comprador potencial gosta criará uma conexão com ele — disse e fiz uma pausa para deixar as minhas palavras pairando no ar. Depois, ataquei:

— Babaquice! — falei. — Não há conexão nisso! As pessoas são muito mais céticas do que costumavam ser e estão alertas para esse tipo de babaquice. Não se engane, se o comprador potencial tiver o menor indício de que você está tentando uma dessas táticas para cima dele, qualquer chance que você tinha de fechar a venda desaparece instantaneamente. Ficou claro para todos?

Todas as vinte cabeças anuíram ao mesmo tempo.

— Excelente. Vocês também estão enviando ao comprador potencial uma mensagem subliminar de que não são realmente especialistas. Especialistas estão ocupados demais para perder tempo falando sobre coisas que não dizem respeito ao objetivo. Seus serviços são necessários, e o tempo de um especialista é sua mercadoria mais valiosa.

— Especialistas também estão qualificando um comprador potencial. Fazem perguntas de modo muito específico, lógico e intuitivo, e não se desviam. Isso é algo que um novato faz; eles estão por toda parte e sempre indo para Plutão.

— A verdadeira conexão é baseada em duas coisas: primeiro, você se importa. Você não está apenas querendo ganhar uma comissão, você quer ajudar o comprador potencial a suprir suas necessidades e resolver seu desconforto. Você tem em mente o interesse dele, não o seu. Em segundo lugar, você é como ele. Os seres humanos querem se associar a pessoas que são como eles, e não o oposto deles. Deixem-me dar um exemplo rápido.

— Você não vai visitar um clube para descobrir se quer se associar, volta para casa e diz à esposa: "Sabe, querida? Fui a um clube legal hoje. Não havia uma só alma lá que fosse como eu. Todos defendem políticas diferentes, religiões diferentes, interesses diferentes, eu não tinha nada em comum com nenhum deles. Então, eu me associei".

— Se você fizesse isso, sua esposa o olharia como se tivesse perdido o juízo. Contudo, sua decisão teria feito todo sentido se você dissesse: "Fui a um clube legal hoje. As pessoas lá eram exatamente como nós. Todos partilham nossos pensamentos políticos, nossas crenças religiosas, nossos valores familiares, e quase todos jogam tênis. Então, eu me associei!".

— O resumo é: não nos associamos a outras pessoas com base em nossas diferenças, nos associamos com base no que temos em comum.

— Contudo, é exatamente nesse ponto que vocês estão cometendo um erro clássico. Acham que vão conseguir isso com fingimento. Se ele adora pescar, você adora pescar; se ele adora caçar patos, você adora caçar patos; se ele adora safáris, você adora safáris, e assim por diante.

— Abordarei as ramificações éticas disso mais tarde, já que é inaceitável que vocês estejam mentindo com essa desfaçatez. Mas, por enquanto, vou repetir o que acabei de dizer sobre a eficácia de fazer isso: é uma babaquice completa! Não há conexão nisso, é repulsivo para as pessoas.

— Vou dar um exemplo do mundo real, usando algo que ouvi um de vocês falar esta manhã... — E com isso passei os minutos seguintes dando ao grupo um relato cômico do fiasco da caça ao pato ao qual fora submetido naquela manhã, para manter o clima animado.

Quando cheguei ao ponto da história em que o comprador potencial sai rodopiando para Plutão, debochei cruelmente do vendedor por sua decisão de se juntar ao comprador potencial lá – foram mais de quinze minutos orbitando aquele planeta estéril com os dois tagarelando sobre as "maravilhas" da caça ao pato!

Quando adotei um tom mais sério, acrescentei:

— Em sua defesa, não que ele pudesse interromper o comprador potencial no meio de uma frase quando começou a falar sobre esse absurdo de caça ao pato. E estou usando o telefonema dele apenas como exemplo, o mesmo vale para todos vocês.

— Quando o comprador potencial começar a rodopiar rumo a Plutão, você não vai dizer: "Ôa, ôa, ôa! Agora me escute, parceiro, sou um especialista na minha área, e como um especialista eu não tenho tempo para ficar escutando seu falatório inútil sobre o preço do chá na China. Quero que você pare de tagarelar sobre esse absurdo e responda às minhas perguntas diretamente para continuarmos na Linha Reta".

— Se fizer isso, não vai cair muito bem com o comprador potencial! Nesse caso, você acabará destruindo a conexão que tiver estabelecido, e pode muito bem encerrar o telefonema.

— Numa situação semelhante a essa, você quer deixar o comprador potencial rodopiar rumo a Plutão enquanto você realmente emprega sua escuta ativa, para que ele saiba que você entende exatamente o que ele está dizendo, e acha isso empolgante e interessante. Claro que você não vai dizer essas palavras, mas seu tom e sua linguagem corporal serão mais que suficientes para transmitir a mensagem.

— Depois que ele tiver terminado de orbitar Plutão, você só precisará dizer algo como: "Uau, isso é legal. Parece realmente interessante. Entendo por que você se sente assim. No que diz respeito ao seu interesse em saber como fazer câmbio...". E você o conduz de volta à Linha Reta e retoma no ponto onde parou, fazendo a pergunta seguinte. É assim que você mantém o controle da venda e cria uma enorme conexão. Faz sentido para todos? Ergam a mão e digam sim, caso positivo.

A força de vendas inteira ergueu as mãos em conjunto e soltou um "sim" coletivo.

— Ok — eu continuei. — O segredo aqui é vocês sempre se lembrarem de que conexão não é uma constante; ela aumenta e diminui ao longo da venda, dependendo de duas coisas: a primeira é o que seu comprador potencial pensa e sente sobre o que você acabou de dizer; e a segunda é a convicção dele (ou não) de que você está o acompanhando sobre o que foi dito.

— Se ele tiver uma sensação positiva sobre a última coisa que você disse, o grau de conexão aumentará; se a sensação for negativa, o grau de conexão diminuirá. Da mesma forma, se ele acreditar que você está o acompanhando, o grau de conexão aumentará; caso ache que não está o acompanhando, o grau de conexão diminuirá.

— O motivo pelo qual isso é crucial é porque você não consegue fechar uma venda se não estiver conectado ao comprador potencial. Simples assim.

— Então, se a qualquer momento vocês sentirem que estão perdendo a conexão com o comprador potencial, precisam parar, reagrupar e fazer um esforço consciente para retomar a conexão, usando o protocolo de escuta ativa que dei juntamente com dois tons específicos que apontei esta manhã: "eu me importo (eu realmente quero saber)" e "eu sinto seu desconforto".

— Estabelecer conexão com alguém é um processo contínuo. Não é simplesmente dizer: "Ok, está feito! Agora que já me livrei *disso*, posso voltar a me comportar como um babaca!". Essa sua atitude não vai dar muito certo. O fato é que você precisa estabelecer conexão durante toda a venda, 100% do tempo, sem nunca baixar a guarda. Alguma pergunta?

— Você vai falar sobre roteiro? — perguntou um dos vendedores.

— Vou — respondi. — Agora mesmo.

11

A arte e a ciência de fazer apresentações de venda de alto nível

Revelar o segredo do carisma pode parecer um modo estranho de começar um capítulo sobre apresentação de venda, mas se você me der o benefício da dúvida, logo verá, nas próximas páginas, que não é.

Deixe-me explicar por quê.

Primeiramente, quando falamos em carisma relacionado a vendas estamos falando sobre aquele charme ou apelo especial que certos vendedores parecem ter que lhes permite estabelecer uma conexão com seus compradores potenciais. É uma força de atração quase magnética por natureza, e seu impacto pode ser sentido em questão de segundos.

Um exemplo disso seria o ex-presidente americano Bill Clinton, que em seu auge era um dos maiores vendedores da história da política e um mestre jedi na arte do carisma. Quer você gostasse dele ou não, vê-lo em campanha era como ir a uma aula de aplicação prática de carisma.

Indo de uma cidade a outra, ele apertava as mãos de mais de mil eleitores por dia, tendo apenas um instante para entrar em contato com cada um; quando finalmente chegava a sua vez – ele fazia contato visual, dava um sorriso simpático e dizia algumas palavras escolhidas –, você tinha a sensação de que ele *se* importava com você, além de entender você e sentir seu desconforto.

No fim das contas, são essas três distinções – *ele se importa comigo*, *me entende* e *sente o meu desconforto* – que funcionam como a base sobre a qual a conexão é estabelecida, e elas são naturais em quem tem muito carisma.

O poder do carisma é tão vital para o sucesso de um vendedor que é quase impossível encontrar um único grande fechador de negócios que não o tenha em grande quantidade. Ao funcionar como óleo lubrificante no motor de um carro, ele azeita cada passo do processo de vendas enquanto cria o cenário para uma colaboração com base em confiança, respeito e *esprit de corps*.

E todas as pessoas que não têm carisma em abundância? O que dizer delas, e o que elas podem fazer? Estão *enrascadas*, como se diz, porque carisma é um traço de personalidade inato que todos temos em determinado nível, ou carisma é uma habilidade que pode ser aprendida e dominada pela prática?

Felizmente, a resposta é a segunda.

Carisma é uma habilidade passível de aprender, e ainda contém o cobiçado Fator Suficientemente Bom – isso quer dizer que você só precisa ser razoavelmente hábil e começará a ver os benefícios imediatamente.

Testei diversas estratégias diferentes ao longo dos anos para identificar como se alcança esse objetivo e descobri que a forma mais rápida de ensinar a tática a alguém é desmontar o carisma em seus três componentes fundamentais, e ensiná-los um de cada vez.

Vamos fazer isso agora mesmo, começando pelo primeiro componente do carisma, que é *o uso eficaz dos tons*. Nele, você parece *tão* seguro quando fala que mantém as pessoas ligadas em cada palavra sua em vez de perder a concentração e dividir a atenção entre as outras pessoas na sala.

O segundo componente do carisma é o uso dirigido da *linguagem corporal* – você está atento à aplicação dos dez princípios da linguagem corporal com ênfase em escuta ativa, para transmitir um extraordinário grau de atenção e empatia.

E o terceiro componente do carisma – o mais difícil de todos para a maioria das pessoas – é *não dizer idiotices*.

Vi a mesma coisa acontecer mil vezes:

Um vendedor diz coisas inteligentes nos primeiros quatro ou cinco minutos do encontro e está no completo controle da venda. Então, as coisas começam a se arrastar um pouco, o vendedor deixa de dizer coisas inteligentes e, de repente – *bang!* –, idiotices começam a sair de sua boca como se do sistema de esgoto do Brooklyn.

Pior ainda, uma vez que as palavras começam a fluir, se tornam cada vez mais imbecis, até chegar ao ponto de tamanha estupidez que um alarme dispara na mente do comprador potencial, como se fosse um pisca-pisca: *ALERTA DE NOVATO! ALERTA DE NOVATO!* A essa altura, qualquer chance de venda desaparece.

Afinal, se há uma coisa que todos os compradores potenciais têm em comum é saber como especialistas deveriam parecer e se comportar.

Especialistas (principalmente) dizem merdas inteligentes, eles (eventualmente) dizem besteira e, às vezes, até dizem merda, mas uma coisa que eles não dizem é merda estúpida. Essa grande honra é reservada a novatos ou, mais precisamente, àqueles que parecem novatos.

No mundo das vendas, há uma enorme diferença entre ser um especialista e parecer um, e, para o bem ou para o mal, é este último que faz com que você seja pago. Uma das belezas do Sistema Linha Reta é que ele permite a qualquer pessoa, seja um completo novato ou um especialista de primeira categoria, fazer uma apresentação de vendas impecável, não importando por quanto tempo o encontro se arraste. O modo como o sistema permite isso pode ser resumido em uma palavra: *roteiros*.

Isso mesmo: roteiros.

Mas não quaisquer roteiros; estou falando de roteiros Linha Reta, ou, mais precisamente, uma série de roteiros Linha Reta que funciona como uma unidade coesa e dura toda a apresentação de vendas.

Então, o que é um roteiro Linha Reta?

Em resumo, um roteiro Linha Reta é a essência bem pensada da venda perfeita. Imagine pegar as dez melhores apresentações de venda que você já fez para um determinado produto, repassar cada uma delas linha a linha, buscando escolher as melhores passagens de cada uma e depois combiná-las em uma apresentação ultraperfeita, que se tornará a base de todos os encontros de venda a partir de então. Isso é o que eu quero dizer com um roteiro Linha Reta.

São basicamente suas melhores frases de venda, colocadas na ordem certa – começando por aqueles fundamentais primeiros quatro segundos, e chegando até o fim, quando o comprador potencial comprará, ou você encerrará o encontro de vendas de modo respeitoso.

Se o comprador potencial escolher não comprar, você não irá censurá-lo, fazer pressão indevida, bater o telefone na cara dele ou andar em círculos murmurando xingamentos. Em vez disso, encerrará a chamada de modo amigável e educado, dizendo algo como: "Obrigado por seu tempo, senhor Smith. Tenha um bom dia".

Em termos dos inúmeros benefícios criados por um roteiro Linha Reta bem escrito, eu poderia passar dois ou três capítulos falando apenas sobre eles. Vamos ver primeiro os mais importantes, nos concentrando em como funcionam com o restante do Sistema Linha Reta, para levarem ao ponto em que você consegue fechar um negócio com qualquer um disposto a isso.

1. Sei que é óbvio, mas tive de incluir o benefício crucial da venda se arrastar o quanto for necessário sem que haja o menor risco de que um vendedor comece a dizer merdas estúpidas.
2. Você pode descobrir antecipadamente quais tons irá aplicar, o que garante que não só irá parecer totalmente incrível, como também assumirá o controle do monólogo interior de seu comprador potencial e o impedirá de criar uma narrativa contra você.
3. Você pode estar certo de que, não importa o quão nervoso esteja ou quão novato seja, quando abrir a boca para falar sairão as melhores palavras possíveis sempre.
4. Como sua mente consciente não tem mais que se preocupar em descobrir as palavras certas, você pode concentrar a maior parte da atenção em como seu comprador potencial está reagindo ao que diz. Isso aumentará significativamente a sua capacidade de avaliar em

que ponto da escala de certeza seu comprador está, bem como servir de alerta para qualquer falha na conexão – resultado de algo que disse ao comprador e que ele discordou, ou que o tocou de modo errado.

5. O roteiro permite a você criar o caso impecável para cada um dos Três Dez, ao mesmo tempo em que garante a você seguir todas as regras de apresentação Linha Reta, que, coletivamente, provaram ser capazes de maximizar o envolvimento do comprador potencial e aumentar a taxa de fechamento do negócio.

6. O roteiro permite à administração da empresa sistematizar a força de vendas garantindo que os vendedores estejam dizendo a mesma coisa a seus compradores potenciais, independentemente de onde estejam ou se estão vendendo dentro do escritório ou em campo. Esse tipo de uniformidade é crucial no que diz respeito a crescer e expandir a força de vendas de uma empresa, e é responsabilidade do gerente de vendas da empresa garantir isso.

7. O roteiro reduz problemas regulatórios impedindo que um vendedor exagere ou faça afirmações inteiramente falsas. Com maior frequência, um vendedor não mente intencionalmente para um comprador potencial ou tenta enganá-lo; o vendedor fica sem coisas inteligentes a dizer, e a essa altura começa a dizer merdas estúpidas. O problema é que há duas variedades de merdas estúpidas: a primeira variedade consiste em merdas estúpidas verdadeiras e precisas, e a segunda consiste em merdas estúpidas que não são verdadeiras nem precisas, o que é o mesmo que dizer ser contra as leis de Deus e do homem, e

este último pode ser extremamente rígido, caso você esteja em um setor regulamentado.

Essas são apenas algumas das muitas vantagens desfrutadas automaticamente por qualquer vendedor que use um roteiro Linha Reta e siga as oito regras básicas para construí-lo.

Ainda assim, e a despeito dos inúmeros desafios que surgem quando qualquer vendedor que não seja um fechador nato inicia um encontro de venda sem saber o que irá dizer antes de precisar dizer, há um número grande de vendedores que têm uma grande objeção ao uso de roteiros.

Ao variar de uma pequena náusea a um choque anafilático, essas reações negativas têm por base três preocupações: em primeiro lugar, o vendedor acha que usar um roteiro fará com que pareça rígido e antinatural (ou ensaiado, como se diz); em segundo lugar, acha que o comprador potencial descobrirá que está lendo um roteiro e considerará isso falso ou sinal claro de um novato; em terceiro lugar, acha que usar um roteiro é antiético ou carece de integridade, por causa da natureza calculada de um roteiro.

Superficialmente, alguns desses argumentos parecem fazer sentido. Quero dizer, se alguém me desse um roteiro escrito de modo que me fizesse parecer rígido ou antinatural, eu seria o primeiro a jogá-lo no lixo, ou colocar fogo na coisa e depois pisar nela algumas vezes só para garantir que estaria acabada.

Fiz exatamente isso há oito anos, no escritório de uma empresa de serviços financeiros em Londres que me contratara para ensinar o Sistema Linha Reta à sua força de vendas. Na época, eram empregados vinte vendedores, cujo desempenho era tão desalentador que o CEO se referia a eles como *Os Garotos em Ponto de Bala* do setor de serviços financeiros.

No cerne do problema estava um horrendo roteiro de telemarketing que fora escrito pelo gerente de vendas da empresa, um diletante de trinta e poucos anos cuja capacidade de vendas parecia começar e terminar com a asneira de que ele conseguira vender ao CEO justamente essa habilidade de gerenciar uma força de vendas.

Seja como for, o roteiro tinha o triplo do tamanho de uma folha de papel A4, e cada centímetro dela estava coberta de texto. As palavras haviam sido amontoadas em parágrafos curtos, uns trinta deles no total, e os parágrafos eram dispostos em uma série de círculos concêntricos ligados por setas de diferentes comprimentos e espessuras.

Em dez segundos, eu estava 100% certo de que aquele roteiro específico era a maior merda em que tivera o desprazer de colocar os olhos. (E isso é dizer muito quando você pensa como são medonhos os roteiros medianos que não são Linha Reta.)

Antes de fazermos o intervalo para o almoço, chamei toda a força de vendas para a sala de treinamento, incluindo o gerente, e, sem qualquer alerta ou dica, ergui a peça ofensiva e disse em um tom venenoso:

— Estão vendo este roteiro? É a maior merda que já li em toda a minha vida! É *tão* ruim que tem sugado a vida de vocês, como um zumbi assassino — disse, dando de ombros. — Por isso, ele precisa ser destruído, sem nenhuma chance de ressurreição. Alguém aqui sabe como matar um zumbi permanentemente?

— Com fogo — um vendedor declarou. — Você tem de queimá-lo!

— Exatamente — respondi. — Por esse motivo, trouxe isto. — E enfiei a mão em uma bolsa de compras que estava no chão ao meu lado, tirei um acendedor de charutos e o exibi. — Não haverá ressurreição! — disse, e sem mais uma palavra levei o acendedor à beirada do roteiro, apertei o botão e incendiei os papéis.

Com grande orgulho, declarei:

— Um roteiro precisa ser uma linha reta perfeita, não um pedaço circular de...

Fui interrompido no meio da frase pela visão da chama sendo apagada de forma nada natural. Aparentemente, o papel havia sido tratado com algum tipo de revestimento resistente a fogo.

— Conseguem acreditar nisto? — murmurei. — Este roteiro é tão frio que nem sequer pega fogo!

Com isso, joguei o roteiro no chão e comecei a pular em cima dele enquanto a sala inteira aplaudia e gritava em aprovação – melhor dizendo, a sala inteira menos o gerente de vendas.

Ao sentir sua derrocada iminente, ele saíra da sessão de treinamento enquanto eu tentava incendiar o roteiro, e nunca mais se ouviu falar dele novamente. Mas ninguém ligou – menos ainda o CEO da empresa, que acompanhou assombrado suas vendas dispararem mais de 700% no mês seguinte. Foi um resultado chocante, ele comentou em um bilhete de agradecimento escrito à mão que recebi pouco depois. Além do bilhete, havia um gordo cheque de bônus dentro do envelope, com um *Post–it* preso. Ele dizia:

J,

Você merece cada centavo disto! Apenas garanta que o velho Mel também receba sua parte!

GS

O "velho Mel" ao qual ele se referia era ninguém menos que Mel Gibson, de *Coração valente*, e o contexto específico a que ele se referia era uma metáfora que eu usara para explicar a relação entre um roteiro Linha Reta bem escrito e dominar a arte de ler esse roteiro sem parecer que está lendo.

— Suponho que todos vocês tenham visto o filme *Coração valente* — eu disse à força de vendas. — Vocês conhecem aquela cena em que o exército escocês esfarrapado está ali em seus kilts gastos, segurando ancinhos e machados, e do outro lado do campo está o enorme exército dos casacos vermelhos ingleses, em formação perfeita com arqueiros, cavalos de batalha e infantaria, todos com espadas longas? É evidente que os escoceses estão prestes a tomar uma surra. Vocês sabem a cena da qual eu estou falando, não?

Todos eles anuíram.

— Ótimo. Mel Gibson chega montado em seu cavalo, com o rosto pintado de azul, e começa o famoso discurso no qual diz: "Filhos da Escócia, vocês estão aqui hoje diante de trezentos anos de opressão e tirania..." e blá-blá-blá. E segue em frente, com todos aqueles argumentos inacreditavelmente motivadores, explicando como a vida inteira de cada um levou àquele momento, e como eles tinham uma única chance de liberdade. Assim, incitados, eles investem sobre o exército inglês e acabam com tudo em questão de minutos.

— É uma cena incrível — eu disse, confiante. — Mas deixem-me fazer uma pergunta importante: vocês acham que o velho Mel improvisou?

— Vocês acham que Mel, como diretor, disse: "Certo, o que vamos fazer aqui é alinhar uns duzentos figurantes naquele campo aberto ali, todas as câmeras serão colocadas nos lugares certos, esperamos que o sol esteja no ângulo exato, e quando eu der a eles a deixa para fugir, vou cavalgar até lá e convencê-los a ficar, para que possam chutar os traseiros de alguns casacos vermelhos!".

— Se algum diretor fizesse isso, imagine o que sairia da boca de Mel Gibson quando galopasse para o campo, especialmente se já tivesse tomado uns dois drinques!

— Mas, é claro, nenhum diretor faria algo tão irresponsável. Com apenas uma chance para um personagem dizer exatamente a coisa certa, eles garantem o sucesso contratando um roteirista para criar as falas perfeitas para o personagem, depois contratam um ator de primeira categoria (Mel não precisou procurar longe para escalar a si mesmo), que irá decorar as falas e usar tom e linguagem corporal perfeitos para dar vida à cena.

Qual é a moral da história?

Há mais de uma, mas o que eu estava tentando mostrar era que se você é parte de um grupo de vendedores que acha que, por natureza, os roteiros os farão parecer rígidos ou não autênticos – tornando difícil estabelecer uma conexão com os compradores potenciais e conduzi-los emocionalmente –, você precisará levar em conta um fato muito simples:

A partir do momento em que você aprendeu a falar, cada filme ou programa de TV que o fez rir, chorar, gritar ou berrar, ou que o envolveu tão profundamente com os personagens que você acabou passando o fim de semana em uma maratona da série, todos sem exceção tiveram roteiros.

Mesmo os *reality shows* a que você assiste – usam a autenticidade para, supostamente, mostrar que são feitos sem roteiro, e isso serve como ferramenta poderosa para atrair audiência – são sempre roteirizados.

Como você vê, não demorou para que os produtores desses programas percebessem que quando não davam aos astros do *reality* alguma espécie de roteiro, e permitissem que improvisem, o produto final era tão medonho e tedioso que ninguém conseguia acompanhar o programa.

Então, se você quer se aferrar à falsa crença de que usar um roteiro o fará soar rígido e não autêntico, porque soar rígido e não autêntico é uma característica inerente de usar um roteiro, você precisa ignorar o fato de que passou metade de sua vida sendo levado a rir, chorar, gritar e berrar como resultado de, sim, você entendeu, roteiros!

O segredo do sucesso, aqui, são dois elementos: primeiro, você precisa dominar a arte de ler um roteiro sem parecer que está lendo um roteiro; e segundo, você precisa dominar a arte de escrever um roteiro que lhe permita soar totalmente natural quando lido.

No jargão da Linha Reta, nos referimos a esse processo como *preparação estratégica*. É uma atitude que beira o exagero. Resumindo, a filosofia de preparação estratégica tem por base antecipar tudo que possa surgir em uma venda e ter a melhor resposta possível preparada com antecedência.

É sobre isso o restante deste capítulo: a construção e a apresentação de um roteiro Linha Reta.

Então, vamos começar passando pelas oito coisas que distinguem os roteiros Linha Reta de tudo mais que existe. Essas são as características fundamentais que precisam estar presentes para que seu roteiro seja eficaz.

Primeiro, o roteiro não pode ser precipitado.

A precipitação se dá quando você revela todas as suas maiores vantagens cedo demais, o que o deixa sem nada forte para dizer e mudar a disposição do comprador potencial quando ouve a primeira objeção.

Esse é um dos maiores erros que vendedores cometem: acham que precisam mencionar cada vantagem quando fazem a apresentação de vendas inicial. Consequentemente, acabam com um roteiro de quilômetros, e o comprador potencial perde a concentração antes que você chegue à metade. O segredo de escrever um grande roteiro é estruturar, não se precipitar.

É como erguer uma casa nova: você precisa fazer em estágios. Ergue a estrutura, depois as paredes, a seguir a tinta. O mesmo acontece com uma venda. Você não pode esperar fechar negócio muito cedo. Haverá objeções, por isso esteja preparado para uma batalha prolongada. Você primeiro precisa lançar as fundações.

Os seres humanos não são feitos de modo que nos permita ir de zero a cem de uma vez só. Precisa haver algumas pequenas paradas, quando podemos respirar fundo e consolidar nossas ideias. Em outras palavras, o modo como você eleva o grau de certeza de uma pessoa acontece pouco a pouco; não é possível fazer isso de uma vez.

Segundo, o foco está nas vantagens, não nas características.

Embora não haja como negar que essa questão seja elementar em vendas, por alguma razão inexplicável o vendedor médio tende a se concentrar nas características de um produto, não em suas vantagens.

Vamos ser claros: não estou dizendo que você nunca deve mencionar as características de um produto; se não o fizer, você parecerá totalmente ridículo, já que estaria apenas falando sobre uma vantagem depois da outra sem oferecer ao comprador potencial algum contexto para o qual foi criada a vantagem. O importante é que você seja breve ao mencionar a característica, depois se estenda sobre a vantagem, mostrando ao comprador potencial por que isso importa para ele pessoalmente.

Lembre-se, as pessoas não se preocupam tanto com todas as características que um produto pode ter. Elas querem saber se ele tornará sua vida mais fácil, resolverá seu desconforto ou permitirá ter mais tempo para passar com sua família.

Terceiro, o roteiro precisa de interrupções.

Se você fizer uma declaração forte, depois outra declaração forte, e mais uma declaração forte, quando tiver chegado ao fim da terceira declaração forte, elas começam a se misturar e perdem força. Por isso, um roteiro bem escrito tem muitas interrupções, para que o comprador potencial possa interagir com você e mostrar que permanece em sintonia.

Depois de ter feito uma declaração forte, você quer fixá-la fazendo ao comprador potencial uma pergunta simples de sim ou não como: "Está me acompanhando?", "Isso faz sentido?", ou "Está me seguindo?". Ao agir dessa forma, você mantém o comprador potencial participando da conversa e faz com que ele se acostume a dizer sim, o que cria consistência.

Além disso, as interrupções funcionam como verificações periódicas de conexão. Por exemplo, se você diz ao seu comprador potencial "Faz sentido até agora?" e ele responde "Sim", você está em conexão; contudo, se ele responde "Não", você não está conectado e não pode avançar no roteiro até ter resolvido o problema. Se avançar, o comprador potencial pensará: "Esse cara não está dando a mínima para o que eu digo, só quer ganhar uma comissão".

Em vez de avançar, portanto, você voltará atrás e dará ao comprador potencial mais informações sobre aquele tópico, e depois perguntará novamente se as coisas fazem sentido. No momento em que ele disser sim – o que quase sempre fará neste caso –, você poderá avançar em segurança.

Quarto, o roteiro deve ser escrito na linguagem falada, não no idioma gramaticalmente correto.
Você quer falar de modo relaxado, usando termos leigos, não um português formal ou jargão demasiadamente técnico.

Quando você lê o roteiro, o próprio texto deve soar natural, com a prosa escrita de modo que pareça como se você conversasse com um amigo e tentasse se ligar a ele emocionalmente, não apenas logicamente.

Lembre-se de que você ainda precisa parecer um especialista. Então, é necessário ter equilíbrio. Não é falar "Ei, dã, dã, dã. A gente é tudo assim, né", como um sujeito que não estudou, certo? Você ainda quer demonstrar que tem educação, como um especialista. Mas não tente impressionar o comprador potencial usando frases técnicas demais, essa é a garantia de afastar alguém.

Em vez disso, você quer usar coloquialismos sempre que possível e recursos que façam a prosa soar natural e animada. Mas nunca se esqueça de que o compromisso de parecer natural está sempre no contexto de você ser visto como um especialista.

Quinto, o roteiro precisa fluir de modo perfeito.

Quando eu escrevo um novo roteiro, sempre faço pelo menos quatro ou cinco rascunhos antes de chegar à versão final. Isso me dá uma oportunidade de testar o roteiro – primeiramente lendo em voz alta, para identificar alguma falha no ritmo ou no fluxo dos vários padrões de linguagem. É possível perceber se há algum trava-língua na prosa ou frases desequilibradas em termos do número de sílabas ou ritmo que contêm. Ou se há transições desajeitadas que precisam ser suavizadas.

Então, reescrevo o roteiro, consertando as falhas encontradas, depois repito o processo, até estar certo de que todas as palavras fluem como seda.

Ao fazer isso, garanto que mesmo um vendedor novato pode usar o roteiro e parecer totalmente incrível. Um dos elementos fundamentais em que faço questão de me concentrar é o equilíbrio, em termos do número de sílabas e de ritmo em cada frase.

Quando uma sentença está desequilibrada, o ouvido humano imediatamente sente que algo não soa direito, e depois de algumas repetições se desliga.

Sexto, o roteiro precisa ser honesto e ético.

Quando você está escrevendo um roteiro, deve se perguntar, a cada frase: "Tudo o que estou dizendo é 100% preciso? Estou falando com integridade? Estou falando com ética? Ou estou começando a exagerar a situação? Estou enganando as pessoas? Estou omitindo material ou fatos?".

Sou o primeiro a admitir que nos velhos tempos escrevi alguns roteiros de que não tenho particular orgulho. Não que eles fossem cheios de mentiras, mas havia algumas graves omissões de fatos, que terminavam pintando um quadro muito distorcido das coisas.

Então, para o seu próprio bem, quero que se assegure de que os roteiros são não apenas 100% precisos, mas também éticos e íntegros – precisam ter uma política de tolerância zero no que diz respeito a coisas como mentir, exagerar, enganar, omitir ou qualquer outra coisa que não passe no chamado teste do cheiro.

Quem trabalha na administração, ou é o dono da empresa, deve lembrar que ao dar à força de vendas um roteiro cheio de mentiras e exageros, todos certamente saberão disso e as consequências serão desastrosas.

Para começar, distribuir um roteiro antiético equivale a dar à força de vendas aprovação empresarial para avançar, estuprar e saquear a aldeia. Quando os vendedores estão ao telefone ou em campo tocando campainhas, estão mentindo, exagerando ou omitindo fatos fundamentais todas as vezes que fizerem uma apresentação de vendas, e isso irá penetrar em toda a sua cultura empresarial e envenená-la.

Em pouco tempo, sua força de vendas sairá totalmente de controle – contando mentiras cada vez mais ousadas e fazendo exageros cada vez mais delirantes a cada dia, à medida que se tornam cada vez mais insensíveis à sua própria falta de ética, que começou com você!

A questão é que você não pode estar ligeiramente grávida no que diz respeito à ética, então qualquer noção de que pode entregar um roteiro enganoso e que isso não acabará destruindo toda a sua cultura empresarial é tolice. Os roteiros devem ser precisos, honestos e refletir a sua cultura empresarial, que é de ética e integridade.

E precisam ser loucamente sensuais!

Lembre-se, essas coisas não são excludentes: o roteiro pode ser sensual e convincente, e ainda 100% ético.

Resumindo, o roteiro deve ser uma verdade bem contada.

Sétimo, a equação é de energia dentro, vantagens fora.
Antes de tomar uma decisão, o comprador potencial faz uma equação à velocidade da luz pesando a diferença entre o volume total de energia que terá de gastar, de modo a passar pelo processo de fechamento e receber o produto, em comparação com o valor de todas as vantagens que você lhe prometeu, tanto imediatas quanto no futuro.

Para isso, se o valor das vantagens esperadas superar o total do gasto projetado de energia, o cérebro do comprador potencial dará um sinal claro, e ele poderá decidir se quer ou não comprar. Inversamente, se o valor das vantagens esperadas for menor que o gasto projetado de energia, uma bandeira vermelha é erguida, eliminando qualquer chance de compra até que você tenha satisfeito a equação.

O nome dessa equação é *energia dentro, vantagens fora*, e ela entra em ação toda vez que você pergunta sobre o pedido, incluindo quando reage a sinais de compra durante a segunda metade da venda.

Esse processo nem sequer é registrado pela mente consciente do comprador potencial até um microssegundo após você ter perguntado sobre o pedido, instante no qual entra em ação – e instruindo o monólogo interior a fazer uma pergunta simples, mas muito objetiva: *isso realmente vale a pena?*

Do ponto de vista lógico, a soma de todas as vantagens que eu espero receber é maior que a soma de toda a energia que terei de gastar para recebê-las?

O que você precisa entender é que embora um resultado positivo dessa equação não seja necessariamente que o comprador potencial fará a compra, um resultado negativo significa que ele decididamente não irá comprar. Isso não é para sempre, mas só até você ter outra chance de perguntar pelo pedido novamente, momento em que seguirá uma série de princípios muito simples, e muito eficazes, que irão garantir que você termine no lado certo da equação.

Deixe-me apresentar rapidamente esses princípios, usando nossos confiáveis personagens Bill Peterson e John Smith como exemplos.

Digamos que Bill Peterson acabou de fazer uma apresentação de vendas matadora para John Smith durante a qual explicou a miríade de vantagens de seu produto e por que é uma solução perfeita para os desafios que o senhor Smith enfrenta. Algo com o que o senhor Smith concordou plenamente, dando a Bill os sinais certos durante toda a apresentação de vendas.

Bill só precisa apresentar uma situação de fechamento, explicando os vários passos que o senhor Smith terá de dar para começar, e depois perguntar pelo pedido.

Bill diz ao senhor Smith:

— John, eis o que eu preciso que você faça: primeiro, me dê seu nome completo, número do RG, número do CPF, endereço residencial; depois, quero que faça uma cópia autenticada desses documentos. Para isso, precisará ir ao cartório; a seguir, quero que vá ao banco para pegar um cheque administrativo...

E só depois de o senhor Smith pular uma dúzia de arcos e um círculo de fogo poderá ter as impressionantes vantagens que Bill Peterson prometeu que seu produto oferecerá.

Obviamente estou exagerando um pouco, mas não muito. A maioria das empresas se perde aqui, uma vez que usa situações de fechamento que exigem que o comprador potencial gaste tanta energia que se torna impossível terminar do lado certo dessa equação.

Por falar nisso, nunca se esqueça de que dinheiro basicamente não é nada mais que energia estocada. Você gasta energia realizando algum tipo de trabalho, pelo qual recebe dinheiro em troca. Claro que parte desse dinheiro acaba sendo usado em despesas básicas de manutenção, como comida, casa, vestuário, despesas médicas, pagamentos de contas em geral, e o restante dele você deposita no banco, lugar em que terá sua energia estocada e poderá ser usada como você quiser, a qualquer momento.

Consequentemente, quando você pede a alguém para entrar em ação e lhe enviar seu dinheiro duramente ganho, está pedindo que gaste sua energia estocada. Você quer ter certeza de compensar esse gasto de energia destacando todas as valiosas vantagens que ele irá receber em troca.

Você quer cristalizar o fato de que assim que ele diz sim, irá receber um volume enorme de valiosas vantagens, e o volume de energia que terá de gastar será consideravelmente menor.

Uma empresa que faz isso da melhor forma possível é a Amazon. Com a opção de compra clicando apenas em um botão, ela tornou tão ridiculamente fácil para o cliente receber as vantagens de um produto que você começa a achar que é trabalho demais comprá-lo de qualquer outro modo.

Ainda mais revelador, o que a Amazon descobriu foi que se os clientes são obrigados a clicar ainda que somente mais uma vez para ir a uma página diferente, ela perde uma grande parcela dos compradores; e se um cliente precisa clicar uma terceira vez, a taxa de conversão desaba. Essa é a importância que a equação tem para as pessoas que tomam uma decisão de compra positiva.

Vamos voltar ao exemplo de Bill Peterson e John Smith – só que desta vez mudamos o padrão de linguagem para refletir uma situação de fechamento muito diferente.

— John, começar é realmente muito simples. É só uma questão de nos dar seu nome e algumas informações básicas para nós cuidarmos de tudo por aqui. E quando você soma isso com (vantagem nº 1), (vantagem nº 2) e (vantagem nº 3), John, o único problema que você terá será não ter comprado mais. Isso parece justo?

Isso é um fechamento com pouca energia dentro, enormes vantagens fora, e pode ser adaptado facilmente a qualquer setor.

Contudo, algumas vezes, você irá se ver em uma situação em que o processo ou o produto que está vendendo não é tão simples assim. Um exemplo seriam serviços bancários ou hipotecas, em que é preciso saltar aros e passar por muita burocracia.

Embora você não possa dizer que algo é simples quando é muito complicado, ainda pode deixar claro ao comprador potencial que fará tudo ao seu alcance para tornar o processo o mais simples possível para ele.

Antes de avançarmos, vamos repassar rapidamente o processo de como lidar com sinais de compra quando surgem na segunda metade da venda. À medida que o comprador potencial começa a ficar cada vez mais certo dos Três Dez, enviará sinais de que está interessado em comprar, na forma de perguntas sobre o processo de fechamento.

Um comprador potencial pode dizer: "Quanto você disse que isso irá custar?", ou "Quanto tempo demora até que eu receba o produto?", ou "Quanto tempo até começar a ver os resultados?". Esses são alguns exemplos dos sinais de compra mais comuns.

Digamos que você já perguntou pelo pedido uma primeira vez e está no meio de um processo de reiteração, e o comprador potencial de repente pergunta: "Qual era mesmo o preço daquilo?". Ao que você responde: "Ah, são apenas 3 mil dólares", e não fala mais nada.

Infelizmente, você acabou de cometer um haraquiri de venda.

Por quê?

Simplificando, você acabou de criar uma situação em que há 3 mil dólares em energia entrando e zero vantagem saindo, não porque as vantagens não existam – na verdade elas existem –, mas porque você se esqueceu justamente de lembrar o comprador potencial da existência delas ao mesmo tempo em que pedia para que ele usasse suas reservas de energia.

O fato de apresentar as vantagens três ou quatro minutos antes, quando perguntou pelo pedido pela primeira vez, não tem peso na equação de energia dentro, vantagens fora alguns minutos depois, quando o comprador potencial lhe deu um sinal de compra.

Dito de outra forma, os seres humanos têm memória curta no que diz respeito ao efeito de equilíbrio de vantagens. Consequentemente, você precisa reafirmar essas vantagens, embora de forma mais rápida e sucinta. Ainda assim, precisa afirmar todas as vezes em que levantar a questão do gasto de energia.

O modo correto de responder ao sinal de compra "Qual era mesmo o preço daquilo?" é: "Um desembolso de *apenas* 3 mil dólares".

E você vai continuar levantando, com astúcia, as vantagens da compra. "Permita que eu lhe diga o que você ganhará em troca disso: (vantagem nº 1), (vantagem nº 2) e (vantagem nº 3), e, como disse antes, começar é muito simples. Acredite em mim, se você tiver a *metade* do sucesso de meus outros clientes neste programa, seu único problema será eu não ter telefonado há seis meses e ter começado essa conversa antes. Isso parece justo?"

É *assim* que você fecha a venda.

Usei a expressão "desembolso" para reformatar, em vez de custo; usei a palavra "apenas" para minimizar os 3 mil dólares; rapidamente lembrei ao comprador potencial três grandes vantagens, para compensar o gasto de energia de 3 mil dólares; e a seguir reiterei a simplicidade de iniciar o processo, seguindo depois para um encerramento suave, usando meu padrão de três tons de absoluta certeza, passando para completa sinceridade. Depois, apelei para o tom de homem razoável enquanto dizia as três últimas palavras: "Isso parece justo?".

Então, eu me calo.

Oitavo, o roteiro Linha Reta é parte de uma série de roteiros.

De fato, pode haver até cinco ou seis roteiros diferentes que o levam da abertura ao fechamento de uma venda. Por exemplo, você tem um roteiro que começa com aqueles determinantes primeiros quatro segundos, e depois inclui suas perguntas de qualificação e a transição. A seguir, tem um roteiro que começa com o corpo principal de sua apresentação e termina com você perguntando sobre o pedido pela primeira vez. Em terceiro lugar, tem uma série de roteiros de refutação que inclui respostas bem pensadas que você preparou para as várias objeções comuns que irá ouvir. E em quarto, uma série de roteiros de reiteração que contém os vários padrões de linguagem que lhe permitirão insistir na venda de modo a levar o comprador potencial a níveis cada vez mais altos de certeza.

Isso nos encaminha a um aspecto importante do processo de venda que terá um grande impacto em como você constrói e apresenta cada um dos roteiros acima em termos de duração e fôlego, e quanto tempo tem de passar se repetindo de modo a refrescar as lembranças do comprador potencial.

Estou me referindo, aqui, à questão do tipo de sistema de telefonemas que está usando – ou seja, quantas vezes você planeja falar com o comprador potencial antes de perguntar pelo pedido pela primeira vez? Uma? Duas? Três? Quatro vezes?

Qualquer que seja o caso, a lógica por trás de um sistema de vendas com duas ou mais chamadas é que cada uma delas, seja pessoalmente ou pelo telefone, serve como ponto de partida para iniciar a seguinte em um estado de conexão maior e com mais noção das necessidades e dos pontos de desconforto do comprador potencial, como resultado das informações que você coletou nas chamadas anteriores. Isso dá ao comprador potencial a oportunidade de rever documentos ou links que você tenha enviado, ou fazer a própria pesquisa de modo a aumentar seu grau de certeza quanto a cada um dos Três Dez.

Não há muito que você possa fazer em três chamadas que não pudesse ter feito em duas. Quando dou consultoria a uma empresa usando um sistema de três chamadas sempre os faço experimentar um sistema de duas chamadas e aproveito, é claro, para ensinar o restante do Sistema Linha Reta, aquilo para o que fui contratado. No fim, são raros os testes que não provam as vantagens de usar o sistema de duas chamadas, no mínimo porque é difícil entrar em contato com os mesmos compradores potenciais três vezes nos limites do ciclo de vendas.

Todo produto ou serviço tem seu próprio ciclo de vendas predeterminado, que estabelece um número de dias entre os telefonemas. Em determinado momento, quando o comprador potencial excedeu o limite de número de dias entre as chamadas, ele cai em uma pilha morta, que acaba sendo redistribuída para outra pessoa na força de vendas depois do tempo adequado – normalmente entre três e seis meses, ou talvez até um ano; mais que isso, e a taxa de fechamento se torna irrisória.

Isso evita o comportamento derrotista de caçar repetidamente o mesmo comprador potencial, que é esperado no caso de um vendedor não Linha Reta, mesmo depois de ser dolorosamente claro para qualquer outro ser humano que o comprador potencial está se recusando a atender o telefonema quando seu número aparece no identificador de chamadas.

O mesmo vale para um sistema de quatro chamadas, embora ele seja tão sem sentido (ainda que para um gerente de vendas mal preparado) que sempre que me deparo com um, normalmente há uma razão válida para a venda ser arrastada. Na maioria das vezes, tem a ver com precisar lidar com muitos tomadores de decisões, o que faz com que o vendedor precise subir pouco a pouco, fechando com um tomador de decisões de cada vez até conseguir chegar ao último tomador de decisões para assinar o acordo.

A outra razão comum é um determinado produto exigir que o comprador invista um volume significativo de recursos – seja tempo, dinheiro, trabalho ou os três juntos – para integrar o novo produto ao seu negócio; e antes que ele assine na linha pontilhada, é preciso ter uma significativa reflexão e um planejamento estratégico.

Em um sistema de quatro chamadas, por exemplo, um resultado favorável na terceira chamada seria o comprador potencial assinando uma carta de intenções e, em casos em que for necessário, um acordo de confidencialidade para que ele e sua equipe possam estudar melhor o funcionamento interno do produto – um processo conhecido formalmente como "fazer diligências" – para garantir que é tudo que você afirmou ser.

Além disso, há um ponto na venda em que advogados das duas partes tendem a se envolver – indo e vindo enquanto repassam as mudanças que o outro fez, pegando o que começou como um acordo simples e objetivo e complicando a um nível enlouquecedor, ao mesmo tempo cobrando enormes honorários legais no processo.

Embora a maioria dos advogados seja razoavelmente honesta, ainda há muitos gananciosos crônicos por aí, então tome cuidado – especialmente se a comissão estiver ligada à lucratividade do negócio. Se esse for o caso, você deve garantir que alguém competente examine cada fatura com um pente fino e negocie a retirada de qualquer coisa que remotamente pareça suspeita (porque esse é um daqueles casos em que se há fumaça, há fogo.)

Seja como for, assim que a equipe do comprador potencial deu ok nas diligências, e os advogados extraíram a devida quantidade de carne dos ossos de todos, você tem a chance de fechar o negócio, que implica assinatura de um acordo definitivo ou contrato, e a troca de um volume de dinheiro predeterminado.

A coisa mais importante a recordar durante todo esse processo é que até que um acordo definitivo seja assinado e o dinheiro troque de mãos, o negócio não está fechado, o que quer dizer que você precisa permanecer em contato com o comprador potencial e fazer o que puder para manter os Três Dez no mais alto nível possível. Isso inclui enviar ao comprador potencial depoimentos de outros clientes satisfeitos, matérias de publicações do setor, jornais e revistas que reforçam a ideia de que o comprador tomou a decisão certa; e eventuais e-mails e telefonemas regulares para garantir que mantenham a boa conexão enquanto o processo se arrasta.

Não há como superestimar o número de negócios que acabam frustrados durante o período de espera. E embora demore algo entre quatro e seis semanas para concluir o processo, ele pode se arrastar por até três meses, se aquele tipo especial de advogado se envolve e o comprador potencial não está sob pressão de tempo para fechar o negócio.

Ainda assim, desde que você continue a manter o grau de certeza do comprador potencial o mais alto possível, as coisas devem acabar bem, e você fechará a maioria dos negócios que chegam a esse ponto e receberá sua comissão, que é melhor que seja substancial, considerando o tempo que tomou e a dificuldade que você teve para levar ao fechamento.

Esse substancial é impossível dizer sem conhecer todos os detalhes, mas se a sua comissão não for na casa dos milhares de dólares por um negócio que demorou seis meses para fechar, é melhor que você tenha uma bela base salarial para compensar.

Mas, novamente, há variáveis demais em ação – o país no qual você mora, o que é considerado normal em seu setor, uma oportunidade de promoção na empresa em que trabalha, quanto prazer você sente com o que faz – para que eu lhe dê uma resposta sobre remuneração que seja qualquer coisa mais que um palpite.

Importante, porém, é você garantir que durante o período de espera toda a sua comunicação com o "quase" novo cliente seja de uma posição de força – no que lhe diz respeito, o negócio já foi fechado e a comunicação que você está enviando é para construir uma relação em longo prazo e fazer mais negócios no futuro. Do contrário, você parecerá desesperado, e isso acabará produzindo o efeito oposto.

Mas afora esses dois exemplos, qualquer coisa mais que um sistema de três chamadas será resultado de um processo de vendas falho administrado por um gerente de vendas igualmente falho, que está sentado preguiçosamente observando um time formado sempre por vendedores inexperientes que batem a cabeça na parede, tentando alcançar a mesma pessoa quatro vezes antes de poder perguntar pelo pedido. Afinal, se houvesse alguém experiente na força de vendas, iria inicialmente sugerir, e depois finalmente exigir, ser autorizado a reduzir o número de telefonemas para três ou menos. Só para que você saiba, essa exigência é quase sempre acompanhada por uma revolta de toda a força de vendas liderada pelo vendedor experiente, que está usando a nuvem de desespero que paira sobre uma força de vendas de mal desempenho como gás sarin, envenenando corações e mentes e abalando a disposição coletiva.

Seja você o dono, o gerente de vendas ou apenas um vendedor na força de vendas, precisa prestar muita atenção à quantidade de chamadas no ciclo de vendas, de olho em reduzi-las ao menor número possível. O modo de fazer isso de forma segura e efetiva é eliminar um telefonema do ciclo de cada vez, até chegar ao ponto em que uma redução em seu percentual de fechamento não é superado por um maior número de negócios fechados (por causa do grande aumento no número de telefonemas de vendas feitos para fechar negócios em oposição a preparar o telefonema seguinte).

O poder dos padrões de linguagem

Como expliquei no capítulo 2, a Linha Reta é uma representação visual da venda perfeita, na qual tudo o que você diz e todo argumento que apresenta para que o comprador potencial faça negócio com você é recebido pelo comprador potencial com um sim, até o momento em que você pergunta sobre o pedido e ele concorda em fechar negócio.

Além disso, cada palavra que sai de sua boca foi pensada especificamente para atingir um objetivo geral, que é aumentar o grau de certeza do comprador potencial em cada um dos Três Dez até o nível mais alto possível, um 10 na escala de certeza.

Em termos da ordem pela qual você cria certeza, sempre seguirá o mesmo padrão:

- O produto em primeiro lugar.
- O vendedor, você no caso, em segundo.
- A empresa por trás do produto em terceiro.

Em termos da distinção entre lógica e emoção, você sempre irá apresentar argumentos lógicos impermeáveis primeiro e argumentos emocionais impermeáveis depois.

Por quê?

Simplificando, ao apresentar o argumento lógico impermeável primeiro, você satisfaz o detector de babaquice do comprador potencial, que o libera para ser emocionalmente motivado.

O modo como irá fazer isso é por intermédio de uma série de roteiros Linha Reta profissionalmente construídos – garantindo que você saiba exatamente o que dizer antes de precisar fazer tal coisa; esses roteiros terão embutidos padrões de linguagem, que são pequenos elementos de informação habilidosamente criados, cada um dos quais com um objetivo específico.

Há, por exemplo, padrões concebidos para criar certeza lógica, e há padrões criados para gerar certeza emocional; há padrões criados para gerar certeza para cada um dos Três Dez e há um padrão para reduzir o limiar de ação de alguém e outro para aumentar o desconforto.

Há um padrão para tudo, resumindo.

Na primeira metade da venda, os padrões de linguagem servem como âncoras para cada passo da sintaxe e são um importante aspecto para garantir um resultado positivo. Na segunda metade da venda, os padrões de linguagem servem como base de todo o processo de reiteração, e tudo que você diz gira em torno deles.

Em seu padrão de abertura, você está se apresentando, apresentando sua empresa e explicando a razão de seu telefonema, usando tons e linguagem corporal para se definir como um especialista, para conseguir assumir o controle da conversa e começar a conduzir o comprador potencial pela Linha Reta, da abertura ao fechamento. Eis as regras básicas para criar uma introdução poderosa. Vamos assumir um telefonema dado:

- Seja entusiasmado desde o início.
- Pareça sempre familiar. Você não diz, por exemplo, "Oi, o senhor Jones está?". Você deve dizer "Oi, John está?".
- Apresente você e sua empresa nas duas primeiras frases; depois, repita o nome de sua empresa uma segunda vez ainda nas duas primeiras frases.

- Use palavras poderosas, como drasticamente, explosivo, maior crescimento, mais respeitado. Palavras poderosas ajudam a despertar a atenção do comprador e estabelecer você como um especialista.
- Use justificativas (eu as abordei no capítulo 10).
- Peça permissão para começar o processo de qualificação.

O padrão seguinte lhe permitirá uma transição suave para a fase de coleta de informações, e incluirá pedir ao comprador potencial permissão para fazer perguntas, bem como todas as perguntas que você pretende fazer, enunciadas na ordem correta, com marcações indicando qual tom será adotado de modo a garantir que consiga a resposta mais abrangente. E, claro, você irá se assegurar de estar escutando cada uma das respostas do comprador potencial, para garantir que seja estabelecida uma forte conexão nos níveis consciente e inconsciente. Eis alguns exemplos de perguntas genéricas que podem ser utilizadas virtualmente em todos os setores:

Do que você gosta ou desgosta em seu fornecedor atual?

Um comprador potencial já tem uma fonte ou está usando um produto similar, e você não é a primeira pessoa a tentar vender a ele um novo produto. Esta é uma pergunta muito poderosa.

Qual o maior problema em sua empresa?

Aqui, você precisa ter muito cuidado com o tom, já que é a primeira tentativa direta de identificar o desconforto do comprador potencial. Se, por exemplo, você disser levianamente

"John, qual o seu maior problema? Vamos lá, me diga!", é um indicativo de que você não está se importando de verdade. O tom correto deve transmitir sinceridade, preocupação e desejo de ajudá-lo a resolver o desconforto; e quando ele começar a falar sobre isso, você vai querer aumentar o desconforto fazendo as seguintes perguntas:

"Há quanto tempo isso acontece?", "Você acha que está melhorando ou piorando?", "Como você se vê em dois anos?" e "Como isso afeta sua saúde ou sua família?".

Você quer se assegurar de que faz o comprador potencial falar sobre seu desconforto. Esse tipo de pergunta tem grande impacto em abrir a mente do comprador potencial a receber informações, que ele irá avaliar quando compará-las com o seu desconforto.

Qual seria seu programa ideal caso pudesse criar um?

Essa pergunta funciona muito bem em certos setores, e não se aplica a outros. O segredo é usar um tom lógico, como se você fosse um cientista falando, e não um tom de empatia.

De todos os fatores que acabamos de abordar, qual o mais importante para você?

Você quer descobrir a maior necessidade do comprador potencial, já que é o que precisa para convencê-lo.

Perguntei tudo que é importante para você?

Seu cliente o levará mais em conta caso pergunte isso, desde que tenha feito um trabalho profissional até esse ponto. Você também pode dizer: "Há algo que eu tenha esquecido? Há algum modo pelo qual eu possa criar essa solução para você?".

Isso nos leva ao final da introdução – momento em que você faz a transição para o principal de sua apresentação de vendas. Vamos recapitular rapidamente os vários padrões de linguagem:

1. Ao se apresentar, lembre-se de parecer familiar e sempre entusiasmado.
2. O padrão seguinte será conseguir do comprador potencial a resposta "estou bem". "Como se lembra, nos encontramos na quinta-feira passada no Marriott", "Como se lembra, você mandou um cartão-postal há algumas semanas" ou "Estamos entrando em contato com pessoas na sua região..." Resumindo, você está tentando ligar esse telefonema à primeira vez em que encontrou o comprador potencial, ou quando ele fez algo, como enviar um cartão-postal ou clicar em um site na internet.
3. O padrão seguinte é importante e a razão do telefonema, a justificadora. Essencialmente, a justificadora cria uma razão válida para estar ligando e aumenta drasticamente a sua taxa de concordância.
4. A partir de agora você entra na parte da qualificação do seu roteiro, e começa pedindo permissão para fazer perguntas. Esse é outro exemplo de usar uma justificadora, desta vez com a expressão "para". "Apenas duas perguntas rápidas, *para* não desperdiçar seu tempo." Isso dá motivo para a sua necessidade de fazer perguntas ao comprador potencial, e essa razão é não desperdiçar o tempo dele. Você sempre precisa pedir permissão para qualificar.

5. A parte final de sua abertura sempre é uma transição. "Com base em tudo que você me disse, isto serve perfeitamente a você." Essa transição deve servir de âncora, você deve conhecer isso de cor.

No que diz respeito ao corpo principal de sua apresentação, eu não posso lhe dar padrões de linguagem exatos, já que eles variam de um setor para outro. Contudo, quando sou contratado por uma empresa para fazer um treinamento de vendas, faço todo vendedor criar três ou quatro padrões de linguagem para cada um dos Três Dez, e os reúno e escolho os melhores padrões para criar um roteiro básico.

Se possível, recomendo que você faça isso – recrutando outros vendedores em seu escritório para formar um grupo e fazer o exercício.

Deixe-me dar um ponto de partida com um punhado de dicas e orientações para criar padrões de linguagem para o cerne e o fechamento:

1. No momento em que você conclui a transição acima, suas primeiras palavras no corpo principal devem ser o nome exato do produto, processo, programa ou serviço que está oferecendo. Eis um exemplo que eu escrevi para o filme *O Lobo de Wall Street*:
"Nome da empresa... Aerotyne International. É uma empresa inovadora de alta tecnologia do Meio-Oeste, esperando a aprovação iminente da patente de uma nova geração de detectores de radar que terão aplicações militares e civis."
2. O padrão de linguagem seguinte não pode ter mais que um ou dois parágrafos e deve se concentrar na vantagem que preenche diretamente a necessidade do

cliente. (Só mencione essa característica.) Se possível, tente usar comparações e metáforas para ilustrar o que quer dizer, já que elas são muito mais efetivas que apenas fatos e números. Além disso, se puder eticamente relacionar este padrão com uma pessoa ou instituição confiável, como um Warren Buffett ou J.P. Morgan, faça isso. (Descubra se a sua empresa sabe de algum nome conhecido que tenha usado seu produto e aprovado.) O importante é, sempre que puder, se valer da credibilidade de uma pessoa ou instituição e tentar incluir isso na apresentação.

3. Depois de ter empregado o padrão, deve dizer "Está me acompanhando?" ou "Faz sentido?". Você só pode seguir em frente depois que o comprador potencial disser sim; do contrário, romperá a conexão e entrará na zona da morte. Mas assim que ele concordar – *bum!* –, você concluiu um padrão de linguagem.

4. Repita os passos dois e três – e depois mais uma vez, porém não mais que isso, ou correrá o risco de sufocar o cliente. Lembre-se sempre, você está estruturando, não se precipitando!

5. Ao fazer a transição para o fechamento, deve tentar criar algum tipo de urgência – no sentido de o cliente precisar comprar agora. Se estiver em um setor onde não haja urgência inerente, tente pelo menos usar escassez tonal para insinuar urgência. Mas não crie falsa urgência, isso não é certo.

6. Ao passar do corpo principal para o fechamento, iniciamos com um padrão de transição que explica como é começar o processo de compra. (Essa é a equação energia dentro, vantagens fora.)

7. Você pergunta diretamente pelo pedido, sem eufemismos. O motivo pelo qual destaco isso é que depois de passar os últimos dez anos treinando forças de vendas por todo o mundo, eu descobri que a imensa maioria dos vendedores não pergunta muito pelo pedido. Ou fica dando voltas ou deixa de mencionar, como se esperasse que o comprador potencial se apresente e diga que deseja comprar. A maioria dos estudos indica que o número ideal de vezes que um vendedor deveria perguntar pelo pedido deve estar entre cinco e sete.

Contudo, eu discordo e acho que o número tem mais a ver com vendedores mal treinados passando pelo processo de fechamento de forma extremamente ineficaz. Três ou quatro vezes deveriam ser mais que suficientes quando você usa o Sistema Linha Reta.

Eis um padrão de linguagem típico para um fechamento:

"Me dê uma chance e acredite em mim. Se eu só estiver metade certo, seu único problema será eu não ter telefonado há seis meses e ter começado essa conversa antes. Isso parece justo?"

Aí está: a estrutura básica para construir roteiros de primeira categoria que lhe permitem fechar um número enorme de negócios.

Assim que você tiver passado pelo processo de criar um roteiro e finalizado seu rascunho, restam apenas duas coisas a fazer: treinamento e repetição.

Você não imagina o tamanho da recompensa se reservar um tempo para ler seu roteiro em voz alta e continuar ensaiando até chegar a um grau de competência inconsciente no qual conhece o roteiro de cor.

Não espero que você seja perfeito logo na primeira vez, mas o que quero dizer é que escrever roteiros tem um Fator Suficientemente Bom muito forte, e ainda que você seja apenas correto na escrita de roteiros, irá aumentar drasticamente sua taxa de fechamento.

Para isso, uma pergunta que sempre me fazem é: "Quando eu devo usar meu roteiro?". E minha resposta é: SEMPRE!

Você deve usá-lo *sempre*, seja vendendo pessoalmente ou pelo telefone. *Como usar um roteiro pessoalmente?*, você está pensando.

Muito simples: você o decora.

Como disse, eu quero conhecer meus roteiros tão bem que vão além das próprias palavras. Lembre-se, 10% da comunicação humana são feitos por palavras; os outros 90% são por tons e linguagem corporal. Ao decorar meu roteiro, eu libero minha mente consciente para se concentrar nos 90% restantes.

Conclamo você a continuar lendo seus roteiros para si mesmo, para garantir que todos os padrões de linguagem e transições sejam absolutamente impecáveis. Leva algum tempo, mas garanto que vale a pena.

12
A arte e a ciência da reiteração

Desde o dia em que inventei o Sistema Linha Reta, um dos princípios centrais que tenho incutido em corações e mentes de todas as pessoas que treinei é que a venda não começa de verdade até o comprador potencial fazer a primeira objeção; só então você tem a chance de arregaçar as mangas e justificar seu contracheque.

Independentemente do produto que esteja vendendo, há três modos possíveis de o comprador potencial reagir na primeira vez em que você pergunta sobre o pedido.

Ele pode dizer:

- *Sim* – o que significa que o negócio foi fechado e é hora de resolver a papelada e receber o pagamento.

Essas são as vendas fáceis sobre as quais falei no capítulo 2, em que os compradores potenciais estão antecipadamente vendidos antes que o encontro de venda comece. Como vendedores, nós adoramos, mas do ponto de vista prático eles são raros demais para que sejam considerados um resultado esperado.

O segredo aqui é administrar as expectativas.

Você pode gostar de vendas fáceis quando acontecem, sem nunca esperar que aconteçam. Isso garante que inicie a segunda metade da venda com o mesmo grau de certeza e com a mesma disposição positiva com que iniciou a primeira metade.

- *Não* – o que significa que o comprador potencial decididamente não está interessado e é o momento de encerrar o encontro de venda e passar para o comprador potencial seguinte.

Se você tem seguido corretamente os passos na sintaxe da Linha Reta, quase nunca deve ser atingido por um "não estou interessado" explícito a essa altura da venda. Afinal, já eliminou os compradores potenciais que indicaram essa indiferença durante a fase de coleta de informações.

Os únicos compradores potenciais com os quais você deveria lidar a esta altura são aqueles cujas respostas às suas perguntas de coleta de informações indicaram que não só estavam interessados em seu produto, como também precisavam dele e podiam pagar por ele.

É um completo desafio à lógica que alguém que passou por todas aquelas checagens dê meia-volta depois que você tenha apresentado uma série de vantagens que combinavam perfeitamente com ele.

Em termos de percentuais exatos, você não deve esperar uma negativa direta em mais de 1% ou 2% dos casos, o que corresponde às suas vendas fáceis.

- *Talvez* – o que significa que o comprador potencial está em cima do muro e pode ir para um lado ou outro. Talvez consiste em todas as objeções comuns que um vendedor costuma receber na segunda metade da venda. No total, há algo entre doze e catorze delas, embora metade corresponda a variações de duas.

Eu já as relacionei no capítulo 2, mas por conveniência, e também para facilitar a lembrança, eis aqui novamente as mais comuns: "Deixe-me pensar sobre isso"; "Eu ligo para você"; "Mande algumas informações"; "Não estou com liquidez"; "Há uma outra fonte (ou fornecedor ou corretor) com a qual trabalho"; "É um momento ruim do ano (incluindo é época dos impostos, são férias de verão, é Natal, é fim do ano fiscal)" e "Eu preciso conversar com alguém (o que inclui o cônjuge, o advogado, o contador, o sócio, o conselheiro financeiro)".

A arte da deflexão

Vamos dizer que você é um corretor de ações ligando do nada para investidores ricos, tentando persuadi-los a abrir uma nova conta em sua corretora, a XYZ Títulos. A ação que você recomenda como primeiro negócio é da Microsoft, que está sendo negociada a 30 dólares cada, e o mínimo para a abertura de uma nova conta é de 3 mil dólares, ou cem ações da Microsoft.

Ao usar um sistema padrão de duas chamadas, a taxa de sucesso é de 30% – você fecha três negócios a cada dez compradores potenciais com os quais fala uma segunda vez ao telefone – e 90% desses 30% acabam comprando depois da terceira ou quarta vez em que você pergunta sobre o pedido.

Do começo ao fim, você demora aproximadamente três minutos para passar pela primeira metade da venda, e entre dez e quinze minutos para concluir a segunda metade da venda; e embora a primeira metade possa lhe parecer atipicamente curta, o que você precisa lembrar é que, com um sistema de duas chamadas toda a coleta de informações e o estabelecimento inicial de conexão são concluídos no primeiro telefonema, lhe dando um belo ponto de partida na segunda chamada.

Isso não significa que você não precise gastar pelo menos algum tempo se conectando com o comprador potencial quando inicia o segundo telefonema, mas todo esse processo não deve durar mais de um minuto, contra cinco a sete minutos para completar uma primeira ligação.

O processo de reconexão consiste em você conduzir o comprador potencial, Bill Peterson, pelos seguintes passos:

1. Comece cumprimentando Bill pelo prenome, depois volte a se apresentar – dando nome e sobrenome, o nome de sua empresa e a localização – e pergunte como Bill está passando. Lembre-se, desde a primeira palavra, seu tom deve ser positivo e empolgado, com um toque de entusiasmo escapando pelas beiradas.
2. Lembre a ele que vocês conversaram alguns dias ou semanas antes, e que você mandou por e-mail algumas informações sobre sua empresa. Não – eu repito,

não – pergunte se ele recebeu a informação ou teve tempo de estudar, já que há uma grande possibilidade de que ele diga "não" a uma dessas perguntas, o que cria uma rampa de saída do encontro. O modo de evitar isso é perguntar se o que está dizendo "faz com que se lembre", ao que ele quase sempre responde sim.
3. Explique rapidamente que ele pediu, na última vez em que conversaram, para você ligar assim que tivesse uma extraordinária ideia de investimento.
4. Demonstre surpresa caso ele responda não, mas atribua isso ao fato de que ele recebe toneladas de telefonemas e e-mails todos os dias, e assegure que você falou com ele e enviou algumas informações por e-mail. Não há motivo para se preocupar, já que foram apenas informações sobre a empresa. Depois complete o terceiro passo, lembrando que ele pediu que telefonasse assim que tivesse uma ideia de investimento.
5. Explique que algo acabou de cair em sua mesa e que é uma das melhores coisas que viu nos últimos tempos, e caso ele tenha sessenta segundos você gostaria de apresentar a ideia.
6. Complete a introdução perguntando se ele "Tem um minuto?", usando o tom de homem razoável.

Eis como o processo de reconexão pode aparecer no roteiro em que surgem algumas respostas típicas de um comprador potencial.

Você: Oi, é Bill quem fala?
Comprador potencial: Sim, é Bill.

Você: Oi, Bill! Aqui é John Smith, ligando da XYZ Títulos, de Wall Street. Como você está?

Comprador potencial: Estou bem.

Você: Que ótimo! Bill, se você se lembra, nós conversamos há algumas semanas e eu mandei um e-mail com informações sobre a minha empresa, a XYZ Títulos, assim como alguns links para algumas de nossas recomendações recentes de ações. Lembra-se disso?

Comprador potencial: Ahn, acho que sim.

Você: Ótimo! Bill, na última vez em que conversamos eu prometi ligar de volta quando tivesse uma ideia de investimento com enorme potencial e pouco risco. O motivo para o telefonema de hoje é que algo assim *acabou* de aparecer, e é talvez a melhor coisa dos últimos seis meses. Se você tiver sessenta segundos, eu gostaria de apresentar a ideia. Você tem um minuto?

A partir disso, você faz a transição suave para o principal de sua apresentação, seguindo as regras e as orientações apresentadas no capítulo anterior sobre criação de roteiro, e depois encerrará a primeira metade da venda perguntando diretamente sobre o pedido pela primeira vez, de modo objetivo – não é para andar em círculos ou meio que perguntar sobre o pedido; você pergunta diretamente, dizendo algo como: "Bill, é isso o que eu quero que você faça, fique com um pacote de 10 mil ações da Microsoft a 30 dólares cada. É um desembolso de 300 mil dólares, ou metade disso no crédito...". E conclua o padrão de fechamento.

Esse é um investimento muito maior do que você espera que o comprador potencial realmente faça; porém, ao pedir um desembolso tão grande na primeira tentativa, você ganha a oportunidade de baixar paulatinamente esse valor a cada nova tentativa de fechar negócio, dosando as reduções para que, na última tentativa de fechar, você peça o piso mínimo para a abertura de uma conta na empresa.

No jargão de vendas, chamamos essa estratégia de venda reduzida, e pode ser uma poderosa ferramenta de fechamento de negócios para produtos em que você aumenta ou diminui o volume da compra facilmente. No caso de Bill, quando você perguntar pelo pedido na segunda vez, baixará de 10 mil ações para 5 mil, o que reduz o aspecto energia dentro da equação de fechamento em 50%, após ter acabado de aumentar o lado vantagens fora da equação. Isso cria uma sequência poderosa, que aumentará significativamente sua taxa de fechamento. E, claro, na terceira tentativa de fechar, você reduz para 1 mil ações... E a seguir, para 500 na quarta tentativa, prosseguindo até o mínimo da empresa para abertura de uma conta.

Lembre-se de que em sua primeira tentativa de fechamento, você espera ouvir uma das objeções comuns, então seu monólogo interior deve dizer: "Ahhh, exatamente como esperado! Uma cortina de fumaça para a incerteza! Hora de arregaçar as mangas e justificar meu contracheque!". Em termos da objeção que o comprador potencial escolhe, isso nem mesmo importa, porque você irá responder a todas as objeções comuns da mesma forma.

Digamos que Bill responda: "Parece interessante. Deixe-me pensar nisso".

Você reage com a resposta padrão Linha Reta a uma objeção inicial, que é: "Entendo o que está dizendo, Bill, mas deixe-me fazer uma pergunta, a ideia faz sentido para você? Você *gosta* da ideia?".

Se Bill tivesse dito "Preciso falar com meu contador", você teria respondido: "Entendo o que está dizendo, Bill, mas deixe-me fazer uma pergunta, a ideia faz sentido para você? Você *gosta* da ideia?".

E, mais uma vez, se ele tivesse dito "É um mau momento do ano", você responderia: "Entendo o que está dizendo, Bill, mas deixe-me fazer uma pergunta, a ideia faz sentido para você? Você *gosta* da ideia?".

Não importa qual entre as doze ou catorze objeções comuns o comprador potencial apresente inicialmente, você sempre responderá da mesma forma.

Você irá dizer:

"Entendo o que está dizendo, Bill, mas deixe-me fazer uma pergunta, a ideia faz sentido para você? Você *gosta* da ideia?"

Repare como em vez de contestar diretamente a objeção, você a desvia.

Você reconheceu o fato de ter ouvido o que Bill lhe disse – para garantir que ele não se sinta ignorado, o que romperia a conexão – e depois desviou a conversa para uma direção mais produtiva, que é descobrir onde ele estava na escala de certeza no primeiro dos Três Dez, que é o seu produto.

No jargão da Linha Reta, nos referimos a esse processo como deflexão, e é o passo número seis da sintaxe da Linha Reta. Quando você desvia a objeção inicial de um comprador potencial, evita responder diretamente, usando um processo em dois passos:

O primeiro passo é um padrão de linguagem simples de cinco palavras – *Entendo o que está dizendo* –, transmitido no tom de homem razoável.

Suas palavras permitiram que o comprador potencial soubesse que você ouviu a objeção (e, portanto, que não está o ignorando), e seu tom faz com que o comprador potencial saiba que você respeita seu direito de se sentir assim, o que garante que vocês permaneçam bem conectados.

O segundo passo é outro padrão de linguagem simples – *Deixe-me fazer uma pergunta, a ideia faz sentido para você? Você gosta da ideia?* –, ao qual você deu o tom de *deixando de lado o dinheiro*.

Mais uma vez, suas palavras estão dirigindo a conversa para uma trilha muito mais produtiva, que, nesse caso específico, é avaliar o atual nível de certeza de Bill sobre a Microsoft ser uma boa compra no momento; e seu tom garante que ele não se sinta pressionado com a pergunta – que se ele admitir que *gosta* de seu produto, você não usará essa admissão contra ele para pressioná-lo a comprar. Afinal, se ele se sentir assim, reduzirá o nível de entusiasmo ao responder, que é a última coisa que você deseja que o comprador potencial faça nesse momento.

Por quê?

Embora um sim básico seja suficiente para avançar na primeira metade da venda, você precisa de um sim entusiasmado durante a segunda metade.

A razão para isso é que o grau de entusiasmo do sim do comprador potencial servirá como principal meio de medir seu grau de certeza para cada um dos Três Dez.

Suponha que, em resposta à deflexão da objeção inicial de Bill, ele tenha retrucado em um tom dúbio: "É, parece bastante bom".

Há uma pergunta muito importante: em que ponto da escala de certeza a resposta de Bill, incluindo seu tom dúbio, o coloca? Ele está em um 3? Um 5? Um 9? Um 10?

Claramente, ele não está em um 10, certo?

Afinal, quando o comprador potencial está em 10, você sabe. A resposta que ele daria soaria assim: "Ah, *sim, certamente!* Faz *todo* sentido para mim. Eu adoro a ideia!". A tendência positiva será tão forte que suas palavras e seu tom serão dicas claras do grau de certeza ultra-alto.

A mesma coisa vale para o 1 na escala de certeza, embora na direção oposta. A resposta que ele daria, neste caso, soaria como: "Não, de modo algum. Acho que é uma das ideias mais idiotas que já ouvi", e seu tom será de completa repulsa.

Embora os graus intermediários possam ser um pouco mais difíceis de identificar, ele não está em 2 ou 3, já que ambos têm uma emoção muito mais negativa na resposta que a de Bill; inversamente, ele não está em 8 ou 9, já que esses níveis têm uma emoção muito mais *positiva*.

Onde ele está?

Onde está Bill na escala de certeza com base em sua reação?

Eu não estava brincando quando disse que é um pouco mais difícil identificar esses graus intermediários; mas, ainda assim, com base em suas palavras e no tom que as acompanha, eu diria que ele está em algum ponto entre 5 e 6, embora possa estar em 4, mas provavelmente não, por causa da natureza de sua dubiedade, que me soa ligeiramente mais positiva que negativa.

Com base nisso, e em meus *anos* de experiência estimando os diferentes graus de certeza de meus compradores potenciais, eu colocaria Bill em 6, em vez de 5, embora qualquer deles não afete o resultado.

Só lhe dei uma explicação intencionalmente verborrágica para transmitir algo muito importante: reiteração é tanto uma arte como uma ciência, não é necessário enlouquecer tentando descobrir o exato nível de certeza do comprador potencial com base em sua resposta.

Desde que você consiga discernir o grau aproximado de certeza, tem informação suficiente para determinar se pode avançar em segurança rumo ao fechamento ou se precisa retornar à primeira metade da venda para aumentar o nível de certeza do comprador potencial.

Considerando o fato de que avaliei a resposta de Bill em 6 na escala de certeza, faz sentido para você avançar na Linha Reta rumo ao fechamento?

A resposta é não, absolutamente não.

Um 6 não é alto o suficiente na escala de certeza para Bill, ou para qualquer um de seus compradores potenciais, pensar em abrir mão de seu dinheiro duramente conseguido para comprar algo. Isso é verdade quer estejam comprando 300 mil dólares de ações da Microsoft ou 500 dólares de ações baratas; uma Mercedes-Benz 2017 de 120 mil dólares ou uma bicicleta de dez marchas de 500 dólares; um sistema de som de primeira categoria de 90 mil dólares ou uma TV tela plana de 42 polegadas por 399 dólares; uma franquia de lanchonete de 75 mil dólares ou um curso do Sistema Linha Reta para estudar em casa por 997 dólares.

Em vez de seguir em frente e tentar fechar o negócio, você vai retornar à primeira metade da venda – ao ponto na

Linha Reta em que acabou de fazer o principal de sua apresentação de vendas Linha Reta – e repassar a apresentação para reforçar o caso lógico que construiu na apresentação inicial.

Em sua nova apresentação, você começará no ponto em que a estrutura lógica parou – usando as vantagens mais poderosas e afirmações coerentes para transformar a estrutura em um argumento irrefutável e indiscutível, enquanto usa a técnica tonal avançada de *acompanhar, acompanhar, liderar* para começar a criar certeza emocional.

Com esse padrão específico, você vai conseguir dois resultados cruciais: primeiramente, você busca aumentar o nível de certeza lógica do comprador potencial para o mais perto possível de um 10; e, segundo, começa o processo de levar o nível de certeza emocional do comprador potencial o mais perto possível de 10.

Vamos estudar esses processos passo a passo, iniciando com a resposta de Bill, que o colocou em 6 na escala de certeza lógica em função de seu tom dúbio.

Bill disse: "É, parece bastante bom".

Ao que sua resposta-padrão Linha Reta será:

"Exatamente, é uma grande compra! Uma das verdadeiras belezas aqui é...", e você entra diretamente no corpo de sua nova apresentação.

Da mesma forma, se o comprador potencial tivesse dito "Acho que sim. Parece ok", em um tom desinteressado que o colocaria em 4 na escala de certeza, você diria: "Exatamente, é uma grande compra! Uma das verdadeiras belezas aqui é...".

E, mais uma vez, se ele tivesse dito "Absolutamente! Parece um grande investimento", em um tom entusiasmado que o teria colocado em 8 ou 9 na escala de certeza, você diria: "Exatamente, é uma grande compra! Uma das verdadeiras belezas aqui é...".

Como no processo de deflexão, não importa de que modo o comprador potencial responda, e não importa em que nível a resposta o coloque na escala de certeza, você sempre responderá com as mesmas palavras; o que irá mudar, contudo, será seu tom.

Deixe-me explicar rapidamente.

Lembra-se da história que contei sobre meu filho, Carter, ficar aborrecido depois do treino de futebol e como eu consegui acalmá-lo usando a estratégia tonal de acompanhar, acompanhar, liderar?

É exatamente isso que você está fazendo agora, começando pelo primeiro passo da estratégia, que é entrar no mundo em que o comprador potencial está, e acompanhá-lo, acompanhá-lo, para depois liderá-lo na direção que você quer que ele siga.

Como o tom da resposta de Bill estava em 6 na escala de certeza, você não pode responder a ele em 10. (Se fizesse isso, romperia instantaneamente a conexão e seria visto como um vendedor de alta pressão.) Em vez disso, responde em um nível pouco acima de 6 – algo como 6,2 ou 6,3 – para empurrá-lo *levemente* na direção que deseja que ele vá, mas ainda assim estará entrando no mundo dele. De lá, você passará para o corpo principal de sua nova apresentação, na qual o acompanha, acompanha e depois lidera na direção que deseja, aumentando lentamente o nível de certeza em sua voz – fazendo o tom chegar ao pico mais ou menos na metade do padrão, para depois manter esse tom de absoluta certeza até o fim.

A única exceção a isso é se a resposta do comprador potencial for abaixo de 3 na escala de certeza. Nesse caso, você encerrará o encontro na mesma hora e se voltará para o próximo comprador potencial. Afinal, um comprador que ainda se sente tão negativo sobre seu produto depois que você acabou de construir um argumento lógico não é um verdadeiro comprador. Você provavelmente está lidando com um curioso, ou alguém com um senso de humor pervertido, já que esse nível de negatividade decididamente deveria ter se revelado durante a fase de coleta de informações, e ele sido descartado.

É por essa razão que respostas abaixo de 3 são raras neste ponto. Na maioria dos casos, você estará lidando com respostas que ficam entre 5 e 7, com aproximadamente 10% entre um lado ou outro.

Lembre-se de que decidir em que ponto da escala de certeza o comprador potencial está não é uma ciência exata, de modo que você tem de usar o bom senso. Se você classificou o comprador potencial em 2 na escala de certeza, mas seu instinto lhe diz que ele ainda pode ser um comprador, vai querer devolver a resposta negativa em um tom incrédulo, e perguntar de novo se ele realmente se sente assim sobre seu produto. Se ele responder qualquer coisa acima de 5, você pode começar a avançar, embora com cautela, já que a filosofia de não transformar não em sim continuará a se aplicar durante toda a segunda metade da venda, com qualquer coisa abaixo de 3 sendo o limite.

Claro que para toda resposta acima disso, você passará para a nova apresentação, usando o mesmo padrão de linguagem comprovado todas as vezes.

Você irá dizer: "*Exatamente*, é uma grande compra! Uma das verdadeiras belezas aqui é...", passando a seguir para a nova apresentação, que precisa ser tão convincente que mesmo o comprador potencial mais cético não tenha escolha a não ser ficar logicamente certo após ouvi-la.

Eu não tenho como superestimar a importância desse padrão de linguagem. Ele precisa fazer sentido em todos os ângulos – matematicamente, economicamente, logisticamente, na proposta de valor, na pilha de vantagens, na solução do desconforto, no gasto de energia, para além da utilização estratégica de maximizadores, minimizadores, justificativas, palavras poderosas, comparações, metáforas e figuras confiáveis – e ser apresentado de modo impecável, usando a estratégia de acompanhar, acompanhar, liderar para criar certeza emocional.

Para completar o padrão, você vai aferir o comprador potencial fazendo a mesma pergunta principal sempre (mantendo o tom de acompanhar, acompanhar, liderar) para avaliar o aumento de certeza para o primeiro Dez. Você vai perguntar:

"Entende o que estou dizendo, Bill? Você gosta da ideia?".

Como você já eliminou as últimas negativas, conseguirá pelo menos alguns tipos de sim a essa altura, mesmo que a nova apresentação seja uma lástima. O problema, porém, é que um sim básico já não é suficientemente bom, porque o que você está fazendo agora, nessa primeira reiteração, é decifrar o segredo da estratégia de compra de Bill.

Como todos os compradores potenciais, Bill tem cinco números em sua combinação de compra, e como todos os cadeados de combinação, você precisa saber quais são os cinco números e também qual é a ordem.

O primeiro número que você precisa descobrir é o primeiro Dez, e de modo a considerá-lo aberto, você precisa ouvir um sim entusiasmado do comprador potencial que seja pelo menos 8 na escala de certeza. Quanto mais perto de 10 você estiver, mais seguro estará de que tem o número certo.

Contudo, levar o comprador potencial a 10 às vezes pode ser muito difícil, já que 10 representa um estado de certeza tão absoluta que se aproxima do nível de convicção, e convicções não nascem instantaneamente; levam tempo para se formar e demandam exposição repetida à mesma ideia sem uma mensagem concorrente a contradizê-la.

Consequentemente, levar o comprador potencial a 10 na escala de certeza dependerá, em parte, do produto que você está vendendo. Se estiver vendendo algo que é bem conhecido, com uma reputação impecável – como um iPhone, uma Mercedes Classe S, ações do Facebook, suporte técnico da Microsoft, uma passagem de primeira classe no Orient Express ou um check-up completo na Clínica Mayo –, você tem uma excelente chance de levar o comprador potencial a um 10. Se, ao contrário, estiver vendendo um produto de marca de que ninguém nunca ouviu falar, 10 vai ser impossível.

Um 9, por outro lado, é quase sempre factível. Com poucas exceções, você consegue levar um comprador potencial a 9 na escala de certeza, mais que suficiente para fechar com 99% dos compradores potenciais com os quais você fala. E no que diz respeito ao 1% restante, você pode fechar com eles, embora eu vá voltar a eles quando chegarmos ao quarto número na combinação de compra: o limiar de ação.

Você terminou a nova apresentação dizendo a Bill em um tom muito entusiasmado: "Entende o que eu estou dizendo, Bill? Você gosta da ideia?".

Graças ao argumento lógico e irrefutável que você criou, junto com a aplicação bem-sucedida de acompanhar, acompanhar, liderar, a resposta de Bill será exatamente aquela que você esperava (e que você pode esperar da maioria dos compradores potenciais, desde que a qualidade das novas apresentações continue alta e você aplique a elas a estratégia de acompanhar, acompanhar, liderar). Bill responderá, em um tom muito entusiasmado: "Totalmente! Eu adoro a ideia! Faz todo sentido para mim!", ao que você retrucará, no mesmo tom de Bill: "Exatamente! A ação realmente está pedindo para ser comprada". E *simplesmente assim*, você fechou seu padrão – conduzindo Bill lógica e emocionalmente, em uma jogada rápida.

Uma pergunta:

Considerando que você acabou de elevar o nível de certeza lógica de Bill para pelo menos 9 e sua certeza emocional para pelo menos 7, faz sentido fazer uma tentativa e perguntar novamente pelo pedido? Afinal, se Bill tem um limiar de ação baixo, não há uma chance de que você possa ir direto ao finalmente e fechar com ele?

A resposta é não, absolutamente não.

Embora o primeiro Dez de Bill esteja suficientemente alto para que ele justifique comprar, a essa altura da venda tudo que isso fará será levá-lo a se concentrar no *segundo* dos Três Dez, que é você, o vendedor, já que Bill precisa confiar e ter uma ligação com você em um nível muito alto antes de o negócio ser fechado. E apesar de a conexão que você estabeleceu criar essa ligação, não há justificativa para Bill confiar em você no nível que o deixaria suficientemente confortável para comprar, ou pelo menos ainda não há justificativa; você precisa criar uma.

Para isso, você vai usar dois padrões de linguagem muito poderosos que juntos funcionam para levar o segundo Dez de um comprador potencial a um nível significativamente mais alto enquanto o prepara para uma transição serena para o terceiro Dez.

Deixe-me apresentar um de cada vez, começando com a resposta de Bill à sua nova apresentação, que o colocou em 9 na escala de certeza do primeiro Dez.

"Totalmente! Eu adoro a ideia! Faz todo sentido para mim!"

"Exatamente!", você retrucou. "A ação realmente está pedindo para ser comprada."

E, simples assim, você fechou formalmente o último padrão, que usará como ponto de partida para o novo – fazendo uma ligeira pausa entre os dois para tirar ênfase de sua súbita mudança de tom, de absoluta certeza para um de mistério e curiosidade.

Você está prestes a fazer uma pergunta muito profunda a Bill, usando o tom de *mistério e curiosidade* de modo que Bill ouvirá as seguintes palavras não enunciadas: "Uma questão muito interessante acabou de passar pela minha cabeça, vinda do nada, e evidentemente não tem qualquer relação com minha última pergunta, nem com sua resposta sobre adorar meu produto. Fique à vontade para responder como se eu tivesse perguntado no vácuo!".

Claro que nada disso é verdade, portanto você nunca diria tal coisa, mas a implicação que tem seu tom irá reduzir qualquer desconfiança que possa surgir por conta das perguntas que faz, especialmente porque elas estão prestes a se tornar muito mais penetrantes a partir de agora:

"Exatamente!", você retrucou, terminando o último padrão. "A ação realmente está pedindo para ser comprada!" Você faz uma breve pausa, muda para o tom de mistério e curiosidade e diz: "Bill, deixe-me fazer outra pergunta". E muda para o tom de deixando o dinheiro de lado. "Se eu fosse seu corretor nos últimos três ou quatro anos, ganhando dinheiro para você de modo consistente...", e você passa para o tom de insinuação de *obviedade*, "...você provavelmente não estaria dizendo: 'Deixe-me pensar sobre isso, [seu prenome]'. Você estaria dizendo: 'Compre para mim um pacote de pelo menos *alguns* milhares de ações'". E, então, você passa para o tom de homem razoável, e acrescenta: "Estou certo?".

Você vai descobrir que pelo menos 95% dos compradores potenciais serão honestos com você, dizendo algo rápido e doce como: "É, eu diria" ou "Evidente! Quero dizer, quem não faria isso?" ou "É, seria algo totalmente diferente".

Qualquer que seja a variação que você acabe ouvindo, tudo se resume à mesma realidade: o comprador potencial acabou de admitir que confiança, ou a falta dela, é *a* questão determinante para ele, não *uma* questão determinante.

Assim que o comprador potencial admitir abertamente que adora seu produto, aumentará a importância de admitir abertamente que é a confiança que o impede de comprar; e, avançando mais um passo, assim que ele admitir isso – que é a falta de confiança que o detém, não aquela falsa objeção que apresentou –, você irá ao cerne daquilo que é o Sistema Linha Reta: colocar de lado todas as táticas e cortinas de fumaça (que fazem com que o vendedor mediano mergulhe em uma espiral da morte que rompe a conexão), para chegar ao cerne do que realmente está detendo o comprador potencial, que é falta de certeza para um dos Três Dez, um limiar de ação extremamente alto, ou um limiar de desconforto muito baixo.

Para aqueles irritantes 5% de compradores potenciais que rejeitam sua hipótese de que é uma falta de confiança que os está detendo, não alguma objeção falsa, você vai se lançar com tudo o que tem.

Evidentemente isso não implica dizer a Bill, em um tom raivoso e irritado: "Espere um segundo, cretino, é hora de parar de enrolar...". Em vez disso, sua voz assume um tom quase debochado, misturado com total incredulidade. Você está desafiando a babaquice de Bill de modo que ele merecerá seu respeito. Você vai dizer:

"Espere um segundo, Bill, você quer dizer que se eu colocá-lo na Union Carbide a 7 e tirar a 32, colocar na U.S. Steel a 16 e tirar a 41, colocar no Facebook a 70 e tirar a 130, você não estaria dizendo 'Pegue pelo menos alguns milhares de ações da Microsoft imediatamente?'."

E com isso, Bill, e o restante dos 5%, jogará limpo e reagirá do mesmo modo que os outros 95%, dizendo: "É, *nesse* caso, eu diria". A única diferença é que muitos deles responderão com um tom ligeiramente defensivo, como se não fosse culpa deles mudar de ideia na resposta; foi culpa sua mudar de ideia na pergunta. É como se o tom deles estivesse indicando: "Por que você não me fez essa pergunta no começo?". Mas, claro, foi exatamente o que você perguntou a eles; o problema é que não esperavam ser desmascarados, e estão tentando voltar atrás e salvar a imagem.

Seja como for, você está em excelente forma, e como a atitude defensiva deles irá se dissipar rapidamente quando você der início ao padrão seguinte, você estará em posição perfeita para fechar a venda – começando pelo fato de que reestruturou com sucesso aquilo que é a venda.

Em vez de agir como todos os outros vendedores que formulariam, diante da objeção inicial de Bill – "Deixe-me pensar nisso" –, uma pergunta sem saída – "Me diga, Bill, sobre o que exatamente você precisa pensar?" –, você assumiu o controle da venda e abriu o cadeado da estratégia de uma provável compra.

O comprador potencial está absolutamente surpreso porque você foi para cima dele de modo bem diferente do que ele está acostumado a ouvir – e você respondeu às objeções que ele pensava em fazer antes mesmo que fossem formuladas. A *verdadeira* objeção dele é não conhecer você e, portanto, ele não tem base para confiar em você; mas de algum modo você conseguiu trazer isso à superfície de forma elegante. Tudo o que precisa fazer é descobrir um modo de contornar esse *contratempo*, o que significa convencer alguém que você conhece há cinco ou seis minutos, que talvez nunca conheça pessoalmente, que pode morar do outro lado do país, a confiar em você em um nível razoavelmente alto nos próximos sessenta segundos.

Parece uma tarefa bastante assustadora, não é mesmo?

Acredite você ou não, é bastante simples – graças à existência de um padrão de linguagem poderoso que leva o nome da única pessoa que tem QI abaixo de 75 e ainda assim conseguiu ser convidado à Casa Branca em três diferentes oportunidades para aceitar vários prêmios por feitos realizados – incluindo um por fazer diplomacia com a China.

Se você ainda não adivinhou, o impressionante indivíduo de quem estou falando é ninguém menos que o jogador de pingue-pongue, corredor *cross-country*, ejaculador precoce e amante de Jenny chamado Forrest Gump, modelo de inspiração para o padrão de linguagem que orgulhosamente leva seu nome: o padrão Forrest Gump.

É seguro supor que, a não ser que você tenha passado os últimos vinte anos morando na Coreia do Norte, já viu seu filme pelo menos duas vezes, provavelmente três.

Há uma cena no começo do filme em que o jovem Forrest está esperando o ônibus chegar para o primeiro dia de aula. Ele está em pé com seu pequeno aparelho ortopédico, olhando para o nada, como costuma fazer. De repente, o ônibus para, a porta se abre e Forrest olha para a motorista acima, ela olha para ele abaixo, e ele fica parado como um cervo paralisado sob os faróis, sem entrar no ônibus.

A motorista, de aparência severa, com um cigarro pendurado na boca, não tem ideia de com quem está lidando e diz, em tom ríspido: "Você vai subir?".

Ao que Forrest responde: "Mamãe disse para não pegar carona com estranhos".

Quando se dá conta de com quem está lidando, a motorista suaviza o tom e diz: "Este é o ônibus para a escola".

Mas isso não resolve o problema central de Forrest – a motorista do ônibus é uma estranha – e ele continua ali, olhando para a senhora sentada atrás do volante, que o encara, sem saber o que fazer.

De repente, Forrest tem uma inspiração e descobre um modo de romper o impasse com a mais simples das frases. Ele diz: "Meu nome é Forrest; Forrest Gump".

Impressionada com a simplicidade da solução de Forrest, a motorista dá um sorriso caloroso e responde: "Meu nome é Dorothy, eu sou a motorista do seu ônibus".

Ao que Forrest retruca: "Acho que não somos mais estranhos". E, se sentindo totalmente à vontade, ele entra no ônibus.

Esse é evidentemente um exemplo muito simples, mas não muda o fato de que é incrivelmente profundo. Como espécie, os seres humanos são assim. Quando chegamos ao ponto determinante, podemos passar da completa e total desconfiança para um nível extremamente alto de confiança em questão de segundos, mas se você analisasse essas mudanças radicais para qualquer lado, descobriria que a verdade está em algum lugar no meio, especialmente em uma situação de vendas.

Ao longo dos anos, eu estive em *milhares* de situações em que um comprador potencial que inicialmente fora cético, ao ponto de demonstrar hostilidade, depois de trinta minutos me preparava uma refeição de cinco pratos enquanto telefonava para amigos e parentes para contar como acabara de conhecer o maior corretor de hipotecas do mundo, e que seus amigos também deveriam refinanciar suas casas comigo – a despeito de eu ainda não ter feito nada e não estar nem mesmo *perto* de merecer esse tipo de endosso entusiasmado.

É assim que são os seres humanos, especialmente em uma situação de venda. Quando o pêndulo da confiança começa a se mover, vai até o fim. O segredo para fazê-lo mover é usar o tempo para escrever um padrão Forrest Gump antes de iniciar o encontro de vendas.

Vamos partir de onde paramos, quando Bill admitiu que era a falta de confiança que o detinha, não sua objeção original. E embora sua resposta tenha sido curta e doce – "É, nesse caso eu diria" –, isso não elimina como foi profunda. Essas palavras simples marcam uma grande virada na venda, marcam o ponto em que você começa seu padrão seguinte.

Você vai dizer, em um tom simpático: "Isso eu posso entender. Você não me conhece e não tem o benefício de um histórico, então me dê um momento para eu me reapresentar. Meu nome é (seu nome e sobrenome), eu sou (seu título) na (o nome de sua empresa), estou aqui há (o número real) anos e me orgulho de...".

Assim você está contando ao comprador potencial um pouco sobre você – citando diplomas que tenha, licenças, quaisquer talentos especiais, prêmios que tenha ganhado, suas metas na empresa, fatores que defende em termos de ética, integridade e atendimento ao cliente, e como pode ser útil a ele e a sua família em longo prazo.

Do mesmo modo que você usou todo o tempo necessário para escrever a melhor versão possível de si mesmo, escreveu uma versão secundária e uma terciária; isso garantirá que você continue falando sobre si mesmo de modo inteligente, caso a venda se arraste e o obrigue a executar reiterações adicionais.

Você revendeu seu produto, o *primeiro* dos Três Dez; revendeu a si mesmo, o *segundo* dos Três Dez; é hora de revender a empresa por trás do produto, o *terceiro* dos Três Dez. E o modo de fazer isso é passando diretamente do padrão Forrest Gump para um novo padrão que foi concebido exatamente para isso, para aumentar o grau de certeza do comprador potencial no terceiro Dez.

Quando você chega ao fim do padrão Forrest Gump, em vez de fazer uma pergunta ao seu comprador potencial (como fez nos outros padrões), vai passar diretamente para o novo padrão para revender a empresa – usando as seguintes cinco palavras como transição: "E quanto à minha empresa...".

Digamos que a última coisa que você estava tentando transmitir a Bill com seu padrão Forrest Gump era que iria lhe dizer quando comprar e quando vender. Eis como você faria sua transição de cinco palavras para o fim de seu padrão Forrest Gump. Você diria:

"Eu vou levar você para a ideia e para fora dela também. *E quanto à minha empresa*, a XYZ Títulos, é uma das mais respeitadas..."

É uma transição suave, em que você está revendendo o terceiro Dez diretamente nos calcanhares de revenda do segundo Dez.

De modo a criar um padrão de linguagem matador para seu terceiro Dez, você deve seguir o mesmo protocolo que apresentei para a criação do padrão Forrest Gump – incluindo gastar o tempo necessário para escrever a melhor versão possível de sua empresa, com base lógica e emocional; e, por garantia, criar versões secundária e terciária dela, para garantir que possa fazer reiterações adicionais sem correr o risco de não ter coisas inteligentes a dizer.

Em termos dos pontos específicos, você vai dizer algo como "Somos a número um nisso... Somos a em maior crescimento naquilo... Somos os maiores especialistas nisso... O presidente do conselho, um homem chamado fulano, é uma das mentes mais astutas em todo o setor XYZ... Ele é um completo X... É um completo Y... Ele construiu a empresa em torno de uma coisa acima de todas (qualquer que seja)". E você completa o padrão indo diretamente para o fechamento, dizendo algo na linha "Bill, por que não fazemos isso..." ou "Só o que eu estou pedindo é isso..." e passa diretamente para o fechamento, que terminará com você perguntando sobre o pedido uma segunda vez.

Caso a natureza do produto permita, você deveria considerar uma compra ligeiramente menor, já que isso decididamente aumentará sua taxa de conversão. Assim, você estará permitindo ao comprador potencial "testar a temperatura da água" e, da próxima vez, depois de ter visto o grande trabalho que você fez, você poderá trabalhar em um nível muito mais elevado.

Eis alguns exemplos de padrões de linguagem que funcionam muito bem com essa abordagem de redução:

- Se você me der 1% de sua confiança, eu conquistarei os outros 99%.
- Com uma venda pequena como esta, depois de dividir minha comissão com a empresa e o governo, não conseguirei colocar comida na tigela do meu cachorro.

- Não estou ficando rico com isto, mas servirá de marco para negócios futuros.

Ainda que você esteja vendendo um produto que não permita reduções, não muda o fato de que esse é o ponto na Linha Reta em que muitos de seus compradores potenciais vão começar a comprar – especialmente aqueles com baixo limiar de ação –, já que descobrir os primeiros três números de sua combinação de compra é suficiente para fechar o negócio.

Aproximadamente 20% dos compradores potenciais que lhe apresentam uma objeção inicial fecharão negócio exatamente aqui, como resultado de uma única reiteração. Os outros demandarão um pouco mais de persuasão, na forma de reiterações adicionais dirigidas a uma das seguintes três áreas:

1. Aumentar o nível de certeza para um ou mais dos Três Dez.
2. Reduzir o limiar de ação.
3. Aumentar o limiar de desconforto.

SEGUNDA E TERCEIRA REITERAÇÕES

Parabéns!

Você chegou ao ponto da venda em que vai experimentar o desprazer de pular objeções. Aqueles compradores potenciais que originalmente queriam pensar sobre isso de repente vão precisar conversar com as esposas ou os contadores, pedirão para você mandar alguma informação, ou dirão que é um mau momento do ano.

Para a maioria dos vendedores, ser atingido por uma objeção é suficiente para colocar a venda em uma espiral da morte. Contudo, quando são atingidos por uma segunda objeção – como a primeira, não passa de uma cortina de fumaça para a incerteza – é o momento em que as coisas começam a se tornar cômicas.

Ao ser atingido pela primeira objeção, um vendedor típico reage com uma contestação enlatada – concebida especificamente para superar aquela objeção – e pergunta novamente sobre o pedido. Claro que o problema é que, sem que o vendedor saiba, ele deu uma resposta concebida para superar uma objeção real, não uma cortina de fumaça para a incerteza sobre um dos Três Dez. Consequentemente, a contestação do vendedor não exerce nenhuma influência sobre o comprador potencial.

E o que o comprador potencial faz?

Ele joga limpo com o vendedor? "Escute, parceiro, você pode saber que essas objeções que estou fazendo não são de verdade; são apenas uma cortina de fumaça para a incerteza. Só achei que era mais respeitoso dizer 'Deixe-me pensar nisso' do que dizer 'Eu não confio em você', que é o que realmente está me detendo. Não é nada pessoal, é só que eu e você acabamos de nos conhecer, então é natural que eu me sinta assim. A verdade é que não estou 100% certo sobre o seu produto. Quero dizer, ele parece bastante bom, mas eu decididamente preciso saber mais antes de comprar."

Seria extremamente positivo se o comprador potencial agisse dessa forma. Você poderia se concentrar no que realmente importa, que é elevar o nível de certeza nos Três Dez e, se necessário, baixar o limiar de ação e adicionar desconforto. Mas não é assim que as coisas costumam acontecer.

Em vez de jogar limpo, o comprador potencial escolhe o caminho da menor resistência e passa para *outra* objeção, uma que o vendedor ainda não teve oportunidade de refutar.

E o que o vendedor faz?

Como um cachorro perseguindo o próprio rabo, o vendedor retorna à relação de refutações enlatadas e escolhe aquela que foi criada para combater essa nova objeção, e repete o processo – tentando parecer o mais suave e natural possível. Em seguida, passa imediatamente para a nova pergunta sobre o pedido.

O vendedor se cala e espera que o comprador potencial responda – confiando no fato de que, como acertou o prego bem na cabeça com a última refutação, o comprador potencial deve dizer sim dessa vez. Mas, claro, não é o que acaba acontecendo.

Desde que o comprador potencial recebeu uma resposta a outra objeção, que não poderia ser menos importante, ele simplesmente muda para uma nova objeção, e o vendedor solta mais uma resposta enlatada, e a venda entra em uma espiral da morte.

Acha que estou exagerando?

Por mais improvável que pareça, não estou.

Isso é o que acontece, *em todo o mundo*, quando vendedores ouvem aquela primeira objeção – a não ser, claro, que tenham sorte suficiente de ter aprendido a estratégia de reiteração, e nesse caso evitam a primeira objeção usando a estratégia da deflexão.

Contudo, no caso da segunda objeção, você não terá escolha a não ser lidar com ela diretamente, já que seria considerado evasivo demais defletir objeção após objeção. É importante lembrar que, qualquer que seja a refutação que você usa para reagir à objeção do comprador potencial, tudo o que a resposta faz é lhe dar o direito de falar mais.

Deixe-me dar um exemplo.

Digamos que Bill não tenha comprado depois da primeira reiteração. Quando você perguntou pelo pedido pela segunda vez, ele disse: "Isso realmente parece bom. Por que não me dá seu telefone pessoal e eu ligo daqui alguns dias e dou uma resposta?".

Sua refutação a essa objeção deve soar como o seguinte:

"Entendo o que você está dizendo, Bill, mas deixe-me dizer que eu faço isso há algum tempo, e se há uma coisa que aprendi é que quando as pessoas respondem que vão pensar no assunto, ou ligar de volta, o que acaba acontecendo é que elas enterram a ideia no fundo da cabeça e decidem contra ela, *não* porque não *gostem* da ideia; no seu caso, eu sei que você gosta, mas como somos pessoas muito ocupadas, você voltará à sua vida agitada e acabará perdendo esta oportunidade. Não quero que isso aconteça com você.

"Deixe-me dizer que uma das grandes belezas da situação é que, neste momento, a Microsoft está prestes a..." E, *simplesmente assim*, você retornou serenamente à venda, recomeçando do ponto em que parou de construir seus argumentos lógicos e emocionais no final da primeira reiteração.

Em outras palavras, quando o comprador potencial lhe apresenta a segunda objeção, você não vai *responder* a ele e perguntar novamente pelo pedido; vai retornar à venda e levar o comprador potencial a um nível de certeza muito mais alto para cada um dos Três Dez, usando os padrões de linguagem secundários que criou com esse objetivo.

A partir desse ponto, em vez de seguir diretamente para a venda (como fez na primeira reiteração), você empregará um padrão de linguagem poderoso, que lhe permitirá descobrir o *quarto* número da combinação de compra do comprador potencial – ou seja, seu limiar de ação.

O LIMIAR DE AÇÃO

Por definição, o limiar de ação é o nível coletivo de certeza que uma pessoa precisa alcançar antes de se sentir suficientemente confortável para comprar. Eu, pessoalmente, tenho um limiar de ação muito baixo, e isso quer dizer que é extremamente fácil vender para mim.

Por quê?

Porque você não precisa me *levar* a 10, 10, 10 na escala de certeza para que eu compre. Se você me levar a 7, 8, 7, provavelmente será suficiente, especialmente se a compra resolver um desconforto que sinto por uma necessidade não atendida.

Eis um exemplo perfeito:

Há alguns anos, eu estava andando por um aeroporto em Perth, Austrália Ocidental, e ao me aproximar do portão ouvi um ruído alto ao fundo, que soou como se alguém tivesse acertado com força uma bola de golfe.

Quando me virei na direção do som, vi um esguio garoto asiático com um taco de golfe na mão, em uma pose perfeita de troféu – como se tivesse acabado de acertar uma tacada de trezentos metros bem no meio. O garoto estava em pé ao lado de uma espécie de instalação profissional que havia sido isolada, e enquanto eu seguia para o meu portão, o vi colocar outra bola de golfe em um tapete e fazer um elegante movimento. De onde eu estava, parecia que ele acertara a bola através de uma janela, mas ao examinar com mais cuidado vi que a bola estava presa à lateral do taco.

No fim das contas, uma empresa inventara um sistema de treinamento de golfe "revolucionário", no qual colocava velcro na lateral de um taco de golfe e em uma bola de golfe oficial feita do mesmo material esponjoso, de modo que ao dar uma tacada, a bola grudava na face do taco; e, com base onde ela pegava, você sabia que tipo de tacada estava dando.

Eu observei o garoto dar mais algumas tacadas, depois me aproximei para examinar mais de perto e receber uma explicação de como a coisa funcionava.

"É simples", ele disse, com confiança. "Vou mostrar a você!" E com isso, ele colocou a bola em um suporte de plástico branco, tomou posição e desferiu uma bela tacada na bola de golfe, que poderia ser lançada 300 metros até o centro do *fairway*. Contudo, quando me mostrou a cabeça do taco, lá estava a bola, presa à face do taco, como se colada ali.

"Veja", ele disse, orgulhoso. "Eu acertei bem no meio da bola, bem aqui, e essa teria sido uma bela tacada sólida, uns 280 metros até a grama curta!" A seguir, passou a explicar como você podia ver se estava acertando a bola perto demais da base ou da ponta, o que o ajudaria a se livrar do mais medonho de todos os resultados de uma tacada: mandar a bola na direção errada.

Passei alguns momentos avaliando tudo, e me dando conta do fato de que, sendo o golfe o esporte mais difícil de dominar em todo o mundo, havia uma chance muito pequena de que aquela criação conseguisse melhorar minimamente a minha tacada. Ainda assim, o otário em mim brilhou, e eu perguntei: "Quanto custa?".

"Apenas 49 dólares", ele respondeu. "E já vem na caixa. Você pode levar no avião."

"Certo. Eu levo", murmurei, e *simplesmente assim*, comprei ali mesmo, sabendo que não tinha nenhuma chance de funcionar.

Mas por quê?

Por que tomei uma decisão que parecia contradizer meu interesse pessoal? A resposta está no mecanismo interno que faz com que os seres humanos, como espécie, tomem decisões de compra.

Eles exibem filmes paralelos na mente.

No instante em que você toma uma decisão de compra, o cérebro passa dois filmes distintos: um positivo, que representa o potencial favorável, na forma de todas as vantagens que você poderá experimentar no futuro caso o produto prove ser tão impressionante quanto o vendedor fez parecer; e um negativo, que representa o risco de perda, na forma de todas as coisas dolorosas que você experimentará no futuro caso fique claro que o vendedor o enganou e o produto é imprestável. Qual é a melhor probabilidade e qual é a pior probabilidade?

O cérebro passa esses dois filmes simultaneamente em sua mente, mas isso acontece tão rápido que você nem sequer se dá conta. No caso do sistema de treinamento de golfe, se o vendedor se revelasse um completo picareta e o produto fosse inútil: qual a pior coisa que poderia ter acontecido caso eu fizesse a compra?

Afinal, 49 dólares iriam me colocar em um asilo?

Não, claro que não!

Vai piorar ainda mais a minha tacada?

Duvido muito.

Vou me sentir um idiota por ter sido roubado?

Novamente não, porque eu gastei apenas 49 dólares. Então, qual o problema?

Isso é o mais longe no negativo que eu chegaria, em termos de caminhar pelo futuro de meu risco de perda.

Contudo, no que diz respeito a considerar o potencial positivo... eu *realmente* deixei a minha imaginação voar.

Eu dizia a mim mesmo: "Se essa coisa me ajudar a me livrar daquelas malditas tacadas de base que tenho dado e me ajudar a conseguir uma bela tacada como aquele garotinho asiático deu, posso imaginar como vou me sentir na sede do clube com meus companheiros depois de uma partida, enquanto tomamos cerveja e eu me vanglorio de minha nova tacada de golfe!".

Esse é um exemplo perfeito de como uma pessoa como eu, com um limiar de ação muito baixo, passará um filme positivo muito fortalecedor, sem qualquer estímulo de força externa. E embora eu sempre faça questão de exibir o filme negativo, não perco muito tempo com ele. Em vez disso, saboto esse filme, em duração e intensidade, o transformando em uma versão mais curta e diluída do que provavelmente deveria ser.

Mas vamos dar uma olhada em alguém que é o oposto de mim – alguém com um limiar de ação ultra-alto, como meu pai, Max, um dos compradores mais difíceis do planeta.

Meu pai não comprará nada a não ser que esteja absolutamente certo de todos os Três Dez, e isso significa que deve estar absolutamente seguro deles. Não é possível vender curas milagrosas para *ele* em um aeroporto, por exemplo. No momento em que ele percebesse que o garoto movimentando o taco de golfe estava vendendo algo, ele diria: "Quem aquele garoto acha que é, vendendo uma cura milagrosa para o golfe? Um homem não pode mais andar por um aeroporto sem que alguém tente lhe vender alguma coisa? O que torna esse garoto uma autoridade em golfe? Que petulância! Que pe-tu-lân-cia!".

Se você conseguir levar meu pai a 8, 8, 8 na escala de certeza, não haverá como ele comprar. Da mesma forma, ele não comprará em 7, 10, 8, ou 8, 9, 8. A única forma de ele comprar será quando você o levar a 10, 10, 10 e ele estiver seguro disso.

É por essa razão que, com frequência, nos vemos em situações em que tentamos fechar negócio com alguém cujas respostas indicam que ele está em um estado de absoluta certeza (em todos os Três Dez), mas ainda assim não conseguimos fazer com que cruze a linha. Em vez disso, ele continua pulando de uma objeção a outra, dizendo coisas como "Deixe-me pensar nisso", ou "Eu ligo para você", ou "Mande alguma informação", e assim por diante.

Então, o que você faz nesses casos?

A resposta é: você baixa o limiar de ação do comprador potencial, imediatamente.

Há quatro maneiras de fazer isso.

A **primeira** é oferecer ao comprador potencial uma garantia de devolução do dinheiro. Essa é uma estratégia muito comum usada em inúmeros setores. É especialmente comum na internet, onde o risco de não receber aquilo pelo que você achou que pagaria é significativamente mais alto que no mercado *off-line*, em função da presença de um grande número de vendedores estrangeiros e revendedores independentes.

A **segunda** é oferecer ao comprador potencial um período de carência ou rescisão. Essa é uma característica contratual que permite a um comprador potencial tomar uma decisão agora, mas voltar atrás em até cinco dias úteis. É comum em certos setores regulados, como imobiliário e vendas de pacotes de viagem. Embora períodos de rescisão sejam determinados por um órgão estadual ou federal, ainda podem ser usados como uma poderosa ferramenta de fechamento de negócios.

A **terceira** é usar frases determinantes que pintam um quadro que contradiz as preocupações e os temores ruminados por um típico comprador potencial com alto limiar de decisão. Alguns exemplos são: "Eu estarei com você em todos os passos do processo", "Nós nos orgulhamos de nossas longas relações duradouras", "Temos um atendimento ao cliente de primeiro mundo".

A **quarta**, e de longe a mais eficaz, é usar um padrão de linguagem muito poderoso que lhe permite "reverter" temporariamente os filmes paralelos de um comprador potencial de alto limiar de ação fazendo com que ele abandone a estratégia de exibir um filme negativo longo irreal e um positivo extremamente abreviado.

No fim das contas, a diferença entre meu pai e eu é que, como uma pessoa de baixo limiar de ação, minhas crenças são tais que quando confrontado com uma tomada de decisão de compra, eu exibo um filme positivo muito longo e muito fortalecedor, e um negativo muito curto e não muito venenoso. Inversamente, como uma pessoa com limiar de ação bastante alto, meu pai tem crenças que o levam, quando confrontado com uma tomada de decisão de compra, a exibir um filme negativo muito longo e muito venenoso, e um positivo muito curto e nada inspirador.

O modo pelo qual você reverte esses filmes é usando o padrão de linguagem já mencionado para reescrever os respectivos roteiros para o padrão de um indivíduo de baixo limiar de ação.

Eis um exemplo do que você diria a Bill, caso ele ainda estivesse em cima do muro por ter um limiar de ação extremamente alto:

"Bill, deixe-me fazer uma pergunta sincera: o que de pior poderia acontecer aqui? Digamos que eu esteja errado, a ação caia alguns pontos, e você perca 2 mil pratas. Isso vai colocar você em um asilo?"

"Não", Bill responde, com um tanto de má vontade.

"Exatamente", você continua. "Claro que não! E, pelo lado positivo, vamos dizer que eu esteja certo; como ambos achamos que estou, e a ação suba quinze ou vinte pontos, como ambos achamos que acontecerá, e você ganhe 15 mil ou 20 mil. Vai dar uma sensação boa, mas não vai tornar você o homem mais rico da cidade, vai?"

"Não, decididamente não", Bill responde.

"Claro que não. Não vai deixar você rico, não vai deixar você pobre, mas o que este negócio fará é servir como um marco para negócios futuros. Vai mostrar a você que eu posso colocá-lo no mercado no momento certo, e também tirá-lo. Por que não fazemos o seguinte:

"Como é a primeira vez que trabalhamos juntos, por que não começamos com um pouco menos desta vez? No lugar de pegar um pacote de 10 mil ações, vamos pegar um pacote de mil ações, que corresponde a um fluxo de caixa de apenas 30 mil dólares. Você ganhará um pouco menos com a alta das ações, mas seu ganho percentual permanecerá o mesmo, e você pode me julgar com base nisso. Acredite em mim, Bill, se você tiver a *metade* do sucesso de meus outros clientes neste programa, seu único problema será não ter comprado mais. Isso parece justo?" E você se cala e espera uma resposta.

Se o comprador potencial não responder rapidamente, não se sinta compelido a preencher o vácuo na conversa e começar a falar durante o fechamento.

Você está no momento mágico, quando, em uma sequência perfeita, resumiu as melhores vantagens, reduziu o gasto de energia, diminuiu o limiar de ação e perguntou pelo pedido do modo certo, usando seu padrão de fechamento de três tons.

Então, fique calado e deixe o cliente responder!

Se o fizer, descobrirá que aproximadamente 75% de todos os compradores potenciais que acabam comprando de você farão isso. Ao olhar esses compradores com alto limiar de ação e, por breves momentos, reduzir seu limiar de ação, você passará por aquela janela e fechará com aqueles que estão prestes a se tornar seus clientes mais fiéis.

Se há uma coisa nos compradores potenciais de alto limiar de ação que os torna valer mais que o esforço necessário para fechar é que eles se tornam excelentes clientes em longo prazo. Dão boas gorjetas, não se importam de pagar caro, e quase nunca o trocam por outro vendedor, mesmo quando recebem uma oferta de negócios melhor. Estão tão felizes de ter encontrado um vendedor capaz de levá-los além de suas crenças limitadas e conquistar sua confiança que permanecerão fiéis em quase todas as circunstâncias.

Meu pai foi um exemplo perfeito disso.

Enquanto crescia, eu observei fascinado como ele lidava com os poucos vendedores que atendiam todas as suas necessidades, e nunca os questionava sobre nada – preço, prazo de entrega, produtos concorrentes, opções ou características que recomendavam, quanto de determinado item deveria comprar e quais garantias tinha. Ele via cada um dos vendedores como um especialista em seu respectivo campo e confiava em seu julgamento em todos os níveis.

Ironicamente, são esses compradores potenciais de alto limiar de ação ultraleais e altamente lucrativos, como meu pai, que acabam escorrendo por entre os dedos de todos os vendedores que não são natos e os que não estudaram o Sistema Linha Reta.

Para eles, esses "compradores potenciais ultradifíceis" não passam de vendas de rotina que precisam ser levadas um pouco mais adiante na Linha Reta como resultado de suas crenças, e que demandam do vendedor a descoberta do quarto número do segredo de compra – para reduzir o limiar de ação.

REITERAÇÕES ADICIONAIS

Quantas reiterações você deve executar?

Três? Quatro? Cinco? Dez? Vinte reiterações?

Antes que eu responda, deixe-me dizer que para aqueles compradores potenciais que ainda não compraram, você vai executar pelo menos mais uma reiteração. Afinal, você ainda tem de lidar com mais um número em sua combinação de compra – especificamente, o limiar de desconforto.

Pessoas que sentem desconforto significativo tendem a agir rapidamente; em oposição, pessoas que o negam tendem a agir lentamente. Há uma relação inversa entre o volume de desconforto que um comprador potencial sente e seu limiar de ação.

Da mesma forma que podemos baixar o limiar de ação de um comprador potencial usando um padrão de linguagem, há acontecimentos naturais e cotidianos que podem ter impacto sobre isso; e no que diz respeito a reduzir o limiar de desconforto, o acontecimento principal é quanto de desconforto estamos sentindo.

Eis um exemplo perfeito de como essa relação funciona na vida real:

Quando eu tinha 9 anos, meu pai nos levava para Washington, capital dos Estados Unidos, no carro da família como parte de duas semanas de férias de verão que tinham como destino Miami Beach, Flórida. Estávamos em algum lugar perto do estado de Delaware, a cerca de duas horas de casa, quando a bomba d'água pifou e o carro começou a engasgar, as luzes do painel piscaram, saiu fumaça de sob o capô, e meu pai murmurou xingamentos em voz baixa enquanto parava no acostamento.

O que você precisa entender aqui é que meu pai era extremamente rígido no que dizia respeito a quem podia tocar em qualquer de seus bens – e isso incluía itens básicos, como suas camisas, suas gravatas, seu relógio de pulso, sua câmera e os cabelos em sua cabeça, que foram cortados pelo mesmo barbeiro nos trinta anos anteriores. Mas de todos os seus bens, aquele com o que ele era mais rígido, de longe, era o carro. Ninguém – e eu digo ninguém mesmo – estava autorizado a mexer sob o capô do carro do meu pai a não ser um homem muito especial: Jimmy, do posto local de gasolina Sunoco. Qualquer outro estava rigidamente vetado.

Contudo, naquele dia específico, com a família presa no acostamento da estrada, a quase duzentos quilômetros de casa, com o sol se pondo e a temperatura caindo, o que você acha que meu pai fez? Foi ao posto de gasolina mais próximo que conseguiu achar e disse ao dono: "Não importa o custo. Preciso que você conserte meu carro imediatamente!".

Em síntese, o desconforto que ele experimentava pela possibilidade de sua família correr perigo fez com que seu limiar de ação desabasse e ele fosse transformado em um dos compradores mais fáceis do mundo.

É por isso que você introduz o desconforto em dois momentos: primeiramente, durante a fase de coleta de informações, você identifica qual é o desconforto de seu comprador potencial e, se necessário, o amplia para garantir que ele escute sua apresentação desse ponto de vista; em segundo, você retorna a esse desconforto no começo de sua terceira reiteração, usando um padrão de linguagem que soa mais ou menos assim:

"Bill, eu sei que você já demonstrou preocupação com sua aposentadoria..." e, então, eleva o nível de desconforto perguntando ao comprador potencial o que ele acha que acontecerá com a situação caso ele não aja para resolvê-la.

Ao usar um tom de empatia, você diria: "Deixe-me fazer uma pergunta, Bill. Considerando que as coisas têm se deteriorado nos últimos doze meses, onde você se vê daqui a um ano? Ou, pior, daqui a cinco anos? As angústias serão mais intensas e o deixarão noites sem dormir?". Assegure-se de sustentar um tom muito simpático durante todo o padrão.

Se fizer isso, o comprador potencial dirá, nove em cada dez vezes, algo como: "Na melhor das hipóteses, estarei na mesma situação de agora, mas provavelmente será muito pior".

Essa é sua chance de dizer, no tom de *eu me importo* e *eu sinto seu desconforto*: "Entendo, Bill. Já vi essa situação mais de 2 mil vezes, e sei que essas coisas não costumam se resolver sozinhas a não ser que você entre seriamente em ação para dar um jeito.

"Deixe-me dizer que uma das verdadeiras belezas aqui é que...", e vai rapidamente revender os Três Dez, usando uma consolidação concisa, mas muito poderosa, dos padrões de linguagem terciários que criou para cada um dos Três Dez, se concentrando quase exclusivamente no lado emocional da equação. Você vai fazer uso também da técnica de caminhar pelo futuro para pintar o quadro fundamental de um tempo livre de desconforto para o comprador potencial, no qual ele pode se ver usando seu produto, obtendo as vantagens prometidas e se sentindo realizado em consequência disso. A partir desse ponto, você faz uma transição direta para um fechamento suave e pergunta novamente pelo pedido.

Lembre-se, com exceção da primeira reiteração, na qual você desviou a objeção inicial do comprador potencial, as reiterações sempre começam respondendo a qualquer nova objeção usada pelo comprador e lançando mão de uma das dezenas de refutações eficazes do recurso correspondente na internet.[3] Você tem que compreender que, não importa quão impressionante possa soar uma refutação, o único efeito que terá será lhe dar mais tempo para falar; é o que você diz depois da refutação que irá persuadir o comprador potencial a fechar negócio.

A essa altura, se o comprador potencial se aferrar à mesma objeção, você deve agradecer e deixar que ele siga com sua vida. Afinal, você não quer ser um vendedor de alta pressão e ficar executando reiteração após reiteração.

Em termos do número máximo de reiterações que você pode aplicar, é infinito, do ponto de vista teórico. Mas eu

---

3. Acesse www.jordanbelfort.com/rebuttal para ler sobre refutações eficazes.

recomendo que você não force a barra. Você saberá, pelo comportamento do comprador potencial, o momento de seguir em frente. Se ele começar a se irritar, ou rir abertamente por se sentir pressionado, é porque você foi longe demais.

Assim que você perceber que o comprador potencial está se sentindo minimamente pressionado, deve recuar de pronto e dizer algo como: "Jim, por favor, não interprete meu entusiasmo como pressão; é que sei que isto combina *perfeitamente* com você...". A partir daqui, você tem duas opções.

A primeira é usar isso como uma oportunidade para *retornar* à venda e fazer uma nova tentativa – prestando muita atenção em seu tom e sua linguagem corporal, bem como no tom e na linguagem corporal do comprador potencial. Neste caso, você quer evitar qualquer comunicação inconsciente que transmita certeza absoluta ou entusiasmo embutido, se concentrando na sinceridade de "eu sinto seu desconforto". No caso do comprador potencial, você quer se concentrar em sua comunicação consciente e inconsciente, e se alguma delas indicar que ele está se sentindo pressionado ou perturbado, você passaria imediatamente para a segunda opção.

A segunda opção é usar isso como uma oportunidade de estabelecer novamente uma conexão com o comprador potencial para poder encerrar o encontro de modo positivo, e criar a possibilidade de um novo telefonema. Nesta situação, você deve dizer algo como: "Jim, por favor, não interprete meu entusiasmo como pressão; é que sei que isto combina *perfeitamente* com você". Depois, você muda de tom para aquele de completa sinceridade e acrescenta: "Por que não fazemos o seguinte, deixe-me mandar um e-mail com a informação que você quer..." – ou qualquer que tenha sido a última objeção do comprador potencial – "...e conversamos semana que vem, depois de você ter tido a oportunidade de estudar todo o material. Parece bom para você?". E, nesse momento, você decide se quer telefonar de novo, ou se deixa ele ligar para você.

O caminho que você escolher dependerá de vários fatores para que eu lhe dê uma resposta definitiva sem conhecer as especificidades de seu setor. Mas se houvesse um único fator a se considerar acima de todos seria a percentagem dos segundos telefonemas ter acabado em compra. Se o percentual for muito baixo, eu deixaria a bola no campo dele, pelo bem da administração de tempo, e esperaria um telefonema – seria quase uma garantia de que você conversará somente com compradores potenciais realmente interessados.

E se o percentual de segundos telefonemas que os transformam em clientes for muito alto, eu manteria a bola no seu campo e tomaria a iniciativa do telefonema.

Uma última observação: nunca esqueça o aspecto ético da equação, já que você não quer usar o desconforto para enfraquecer as pessoas; você quer usá-lo para fortalecer os compradores potenciais, ajudando-os a tomar boas decisões de compra, para que possam ter as coisas de que realmente precisam.

Considerações finais

Quando se fala da aplicação do Sistema Linha Reta no mundo real, o equívoco mais comum que os vendedores cometem é ser rígidos demais no intuito de modificar os padrões de linguagem fundamentais do sistema que se encaixam bem em sua área.

A imensa maioria dos padrões de linguagem que abordei seria perfeita para vendedores que trabalham com seguros, serviços financeiros, educação, produtos solares, vitaminas, marketing de rede e qualquer produto ou serviço no qual o vendedor toma a iniciativa do encontro de venda.

Contudo, se você estiver em uma loja de departamentos, vendendo TVs, roupas, produtos esportivos, computadores ou qualquer outra coisa, não vai fazer muito sentido perguntar a um comprador potencial se a camisa que ele acabou de experimentar tem serventia para ele.

Em casos assim, em que o padrão inicial não se encaixa muito bem, você só precisa adaptá-lo à sua situação específica. Se você trabalha vendendo TVs em uma loja de aparelhos eletrônicos, por exemplo, poderia dizer ao comprador potencial: "O que acha? Era isso que estava procurando? Atende às suas necessidades?", em vez de dizer "Essa TV faz sentido para você?", pergunta que soa absolutamente ridícula.

Lembre-se, quando inventei o Sistema Linha Reta era para vender ações de 5 dólares para o 1% mais rico dos americanos, e eu telefonava para essa parcela sem avisar. Desde então, ensinei o sistema a milhões de pessoas, de praticamente todos os setores, e apenas mexendo um pouco nos padrões de linguagem fundamentais, os resultados que elas obtiveram foram impressionantes.

Quando se trata de aplicar o Sistema Linha Reta a setores fora daquele para o qual foi originalmente projetado, o segredo para o sucesso é ter a flexibilidade necessária de criar padrões de linguagem fundamentais – você deve usar o bom senso como guia para garantir que tudo se encaixe.

O Sistema Linha Reta é um sistema de persuasão poderoso que pode mudar sua vida em questão de dias. Eu vi isso acontecer em todo o mundo, em inúmeras áreas.

Pessoas que nunca haviam conseguido nada que sequer lembrasse sucesso, de repente estavam obtendo coisas que nunca tinham considerado possível, e levando uma vida muito mais poderosa que a imaginada em seus sonhos mais delirantes.

Tudo começa com dominar a arte da persuasão, usando o Sistema Linha Reta, ao mesmo tempo em que se tem uma compreensão clara de que você nunca sacrificará sua ética e sua integridade ao longo do caminho. Afinal, sucesso com falta de ética e integridade não é sucesso.

Tive de aprender isso do modo difícil, mas você não precisa – especialmente tendo este livro como guia.

Apêndice

SINTAXE DA LINHA RETA

- Causar impressão nos primeiros quatro segundos.
- Construir e estabelecer enorme conexão, consciente e inconsciente.
- Coletar informações.
- Fazer a transição para o corpo da apresentação.
- Perguntar pelo pedido.
- Desviar e aumentar a certeza por intermédio do processo de reiteração.
- Reduzir o limiar de ação.
- Aumentar o desconforto.
- Fechar o negócio.
- Fazer muitas indicações.
- Criar clientes para toda a vida.

DEZ TONS FUNDAMENTAIS

1. Duas habilidades: "Eu me importo" e "Eu realmente quero saber".
2. Declaração como pergunta.
3. Mistério e curiosidade.
4. Escassez.
5. Absoluta certeza.
6. Completa sinceridade.
7. Homem razoável.
8. Deixando o dinheiro de lado.
9. Insinuação de obviedade.
10. Convicção: "Eu sinto seu desconforto".

Dedicatória

É tentador dedicar este livro à pessoa que mudou minha vida para melhor e nunca deixou de acreditar em mim: minha parceira, Anne. Mas ela pediu que eu dedicasse este livro às pessoas de todo o mundo que foram aos meus seminários, assistiram aos meus vídeos, estudaram o Linha Reta, me escreveram pedindo conselhos e, mais importante, àqueles que escreveram ou se deram o trabalho de dizer "obrigado". Tenho de reconhecer o fato de que minha vida é conhecida principalmente por causa do meu passado insano, mas essa é apenas uma pequena parte dela, e não exatamente a parte da qual me orgulho ou pela qual queira ser lembrado. As pessoas que escreveram para dizer que eu lhes dou a esperança de uma segunda chance, que minha recuperação de um gigantesco fracasso faz com que acreditem que podem superar qualquer que seja a situação na qual se encontrem – a essas pessoas eu dedico este livro. Às inúmeras pessoas que me escreveram para dizer como o Sistema Linha Reta mudou exponencialmente suas vidas, seu grau de sucesso e suas empresas – a vocês eu dedico este livro. A criação do Sistema Linha Reta mudou minha vida para sempre. O conjunto de habilidades que esse sistema incorpora permitiu recriar minha trajetória de modo que nem mesmo eu considerei possível. Espero que este livro dê acesso a esse presente duradouro a um número muito maior de pessoas. O Sistema Linha Reta é para todos. Meu maior negócio até hoje foi o do amor da minha vida, Anne. Espero que este livro torne realidade os sonhos de todos que o lerem.

Agradecimentos

Há algumas pessoas às quais sinto que preciso agradecer. Evidentemente, minha agente, Jan Miller, uma verdadeira força da natureza, e toda a equipe editorial da Simon & Schuster. A infinita paciência deles para com meu ritmo de escrita glacial foi acima e além. Sem eles, este livro provavelmente ainda estaria no rascunho. Obrigado a todos pelos empurrões às vezes menos que gentis e por basicamente me obrigar a terminar. Também quero agradecer ao meu empresário, Scott Lambert, que sempre teve fé em mim, não importando qual projeto começássemos, e Alexandra Milchon, a primeira a me fazer acreditar que eu poderia ter sucesso como escritor. Sem seu apoio inabalável não estou certo de que teria chegado aonde estou.

Quero dar um obrigado especial ao meu querido amigo Barry Guesser. Se ele estivesse aqui hoje, sei que seria um de meus maiores torcedores. Sua fé em mim, seus conselhos e seu apoio ao longo dos anos nunca serão esquecidos. Sinto sua falta, Barry.

À minha família: Anne, Carter, Chandler e Bowen, sei que este livro consumiu muito, então obrigado por me permitir o tempo necessário para esse esforço. Mal posso esperar para estar novamente presente com todos vocês, do meu modo semipresente de que vocês tanto gostam de debochar. Também preciso expressar minha gratidão para com Jeff Turango, cujas sessões de tênis matinais, nas quais ele nunca cometeu um erro não forçado, me mantiveram são durante as semanas; e para com Vince Spadea, cujas sessões de tênis matinais me mantiveram são nos fins de semana, quando eu não estava ocupado correndo atrás de todas as bolas matadoras que ele mandava ou tentando descobrir como alguém conseguia falar sem parar enquanto jogava e ainda assim ser um dos melhores jogadores do mundo.

Mais importante que tudo, quero agradecer aos meus pais pelo apoio inabalável durante todas as reviravoltas em minha vida. Eles tornaram possível tudo isto. Eu amo vocês, mamãe e papai, e não posso agradecê-los o suficiente.

**Acreditamos
nos livros**

Este livro foi composto em Bliss e Chaparral e
impresso pela Geográfica para a Editora Planeta
do Brasil em junho de 2025.